CW00493799

YO SOY TÚ

LA MENTE NO DUAL

EL GRANO Ð MOSTAZA

Título: Yo soy tú
Subtítulo: La mente no dual
Autor: Enric Corbera
Primera edición: marzo de 2016
©Ediciones El Grano de Mostaza

Impreso en España
ISBN: 978-84-944847-3-5
Depósito Legal: B 4343-2016

EDICIONES EL GRANO DE MOSTAZA, S. L.
Carrer de Balmes 394, ppal. 1.ª.
08022 Barcelona
www.elgranodemostaza.com

YO SOY TÚ

LA MENTE NO DUAL

EL GRANO Ð MOSTAZA

DEDICADO A:

Todos aquellos maestros de la conciencia que me han iluminado e inspirado para poder escribir este libro: a David R. Hawkins, a David Carse, a Kenneth Wapnick, a Mooji, a Bruce H. Lipton, a la Fundación para la Paz Interior, a Robert Lanza y a todos aquellos que sustentan con su despertar y en el anonimato el equilibrio de este mundo, favoreciendo el despertar de todos.

A la Consciencia Suprema, la gran hacedora, la gran inspiradora de todas las conciencias.

Simplemente Gracias,

Enric Corbera

ÍNDICE

PRÓLOGO

En el desarrollo de mi conciencia, en esta búsqueda de comprensión, en este incesante interrogatorio que me he hecho a mí mismo a lo largo de muchos de los 62 años que voy a cumplir dentro de un par de meses, he descubierto, sentido y vivido que el Poder que sustenta y da vida a Todo lo mantiene todo unido.

Es imposible que lo que percibimos —lo tangible—, y lo que no vemos —lo intangible— no tengan relación. No quería una comprensión intelectual, y, si me apuran, tampoco intuitiva. Deseaba la experiencia que se iba manifestando en ráfagas por aquí y por allá —algunas de ellas las cuento en este libro—, deseaba aportar mi granito de arena a lo que vive divorciado: la ciencia más ortodoxa y la metafísica expresada en una espiritualidad que está fuera del ritual.

Los milagros son algo inexplicable para la ciencia, y solo son explicables por algo intangible que se llama fe. Comprendí que lo milagroso, el milagro, tiene que ser la bisagra que une ambas expresiones —tangible e intangible— de lo mismo. Esta bisagra es la mente sustentada y alimentada por la conciencia, que no hace falta demostrar, porque todos la tenemos.

Tenemos que invertir la polaridad sobre la existencia de la Vida.

O bien la Vida surge de la materia inanimada y la conciencia también; la Gran Conciencia está separada.

O bien la Vida surge de la conciencia como expresión de una energía infinita llamada Consciencia, que lo interrelaciona Todo.

La primera opción lo mantiene todo separado: mentes separadas, cuerpos separados y mi percepción, mi observación y mi conciencia no afectan al mundo externo, que creo que está alejado de mí.

En la segunda opción, Todo está unido desde el inicio de su manifestación, y la ciencia más vanguardista así lo está elucidando, teorizando y demostrando. Esta es una opción holística, integrada y correlacionada en la que se da explicación a fenómenos no comprendidos, como las sincronicidades o las curaciones espontáneas —que no milagrosas—, así como a encontrar el factor que hace que la naturaleza se exprese como un organismo vivo, complejo y cohesionado, como una unidad.

Esta opción nos ayuda a comprender el poder que subyace tras nuestros pensamientos y nuestras emociones, dando relevancia a desarrollar la conciencia de que esto es así. Esta forma de percibir, este nuevo observador, tiene la conciencia de que sí, de alguna manera, su forma de ver está relacionada con él, y cambiando su percepción cambiará su realidad.

Todo este libro está desarrollado desde una búsqueda que sigue una línea mental llamada Advaita —no dos—, una rama no-dualista del hinduismo que afirma la unidad entre las almas y la divinidad. Dicha línea se ha expuesto a través de diferentes percepciones para que cada una de ellas permita la reflexión y sea una puerta abierta, un camino para las mentes que leen este libro.

Empezaré recalcando la diferencia entre las palabras Consciencia y conciencia, procurando dejarla clara en cada línea del libro. El lector tendrá que enfocar toda su atención en ellas para comprender correctamente el significado de esta lectura.

El libro termina —como no podía ser de otra manera— con la *Ecuación Emocional Fundamental,* que pretende unir aquello que las mentes jamás deberían haber separado.

Está ecuación es una manifestación, una consecuencia de este camino de expresión, de esta búsqueda de que Todo tiene que estar unido. Poner una fórmula a conceptos abstractos es una manera de aterrizarlos en la vida cotidiana.

Este libro pretende ser un canto al desarrollo emocional, entendiendo que la emoción suprema es el Amor, la Divinidad, a la que en este libro doy el nombre de Consciencia. En este mundo, la emoción se expresa en forma de diferentes vibraciones que nos hacen vivir la experiencia subjetiva llamada conciencia.

Nuestro cambio de conciencia siempre va precedido por una toma de Consciencia, y se expresa mediante una emoción más elevada. Aquí tendríamos que dar las gracias al doctor David R. Hawkins por el desarrollo del mapa de la conciencia y su comprensión de las emociones y sus valoraciones.

Deseo de todo corazón que la lectura de este libro sea un catalizador para activar la conciencia de cada cual, permitiéndonos alcanzar niveles más elevados que nos lleven a un estado de paz interior gracias a la Comprensión.

Enric Corbera

INTRODUCCIÓN

CONSCIENCIA Y CONCIENCIA, ¿CUÁL ES LA DIFERENCIA?

Llevo varios años trabajando y estudiando los campos de acción de la conciencia y de la Consciencia, hasta un punto que me ha permitido expresar una relación entre ellas, a la que llamo la *Ecuación Emocional Fundamental* o definitiva, que desarrollaré al final de este libro. En todo este tiempo he encontrado pocos autores y estudiosos que diferenciasen claramente entre lo que es conciencia y lo que es Consciencia. Es más, he visto que estas palabras se utilizan de forma aleatoria, sin situarlas en un contexto preciso, lo que muchas veces crea confusión con respecto a lo que representa cada una de ellas, y lo que realmente abarcan en el campo de la inteligencia emocional.

En el estudio de los problemas sociales, el doctor David Hawkins atribuye un valor numérico a cada nivel de conciencia, estableciendo una correlación entre ellos. Es más, traza un Mapa de la Conciencia y nos sugiere que nuestro estado emocional hace que vivamos la experiencia de una forma concreta y determinada. Este es un mapa excelente por varios motivos, de los cuales el primero —y para mí el más importante— es dar un valor a cada estado. ¿Por qué? La respuesta es simple y llana: en mi ecuación emocional relaciono la Consciencia y la conciencia con un factor que mide la relación entre ellas, el tiempo.

El tiempo es una experiencia relativa, como muy bien demostró Einstein, y está sujeto a la velocidad de la luz, que como todos sabemos es constante. Si la velocidad de la luz es constante, los únicos que pueden variar son el tiempo y el espacio, por eso son relativos. También se sabe que el espacio y el tiempo no existen como factores separados, sino como el espacio/tiempo; por lo tanto, cuando hablamos de uno, en realidad estamos hablando también del otro. De ello puedo deducir que la conciencia se expresa en esta dualidad espacio/temporal, y que mi estado de Consciencia se expresará en mi conciencia en función de la apertura de esta última, y para ello es fundamental la percepción del tiempo.

Hawkins, en *Curación y Recuperación,* lo expresa muy claramente, yo diría que de una forma extraordinaria y muy cercana a la revelación, si no es la Revelación misma. Veamos:

> "Gracias a la conciencia somos conscientes de lo que ocurre en la mente. Ni siquiera la conciencia *(consciousness)* misma es suficiente. Dentro de la energía de la conciencia *(consciousness)* hay una vibración de muy alta frecuencia, análoga a la luz

misma, llamada conciencia *(awareness).* De esta conciencia *(awareness)* surge el conocimiento de lo que está ocurriendo en la conciencia *(consciousness),* que nos informa de lo que está ocurriendo en la mente, y ello, a su vez, nos informa de lo que está ocurriendo en el cuerpo físico".

Como podemos ver, parece que en el idioma español no hay traducción inequívoca de lo que es *consciousness* y lo que es *awareness,* empleándose para su traducción la misma palabra conciencia. Si observamos cómo las define Hawkins, veo que el significado de cada una de estas palabras concuerda con el significado que un servidor da a la *conciencia* y a la *Consciencia,* hecho fundamental para comprender lo que queremos decir y saber de qué se está hablando en cada momento. Veamos una vez más:

- Conciencia *(consciousness):* nos permite saber lo que está ocurriendo en la mente, y la mente nos permite saber lo que está pasando en nuestros sentimientos y emociones, así como en las sensaciones corporales. Todos los procesos se están desplegando dentro de ella, dentro de la conciencia.
- Consciencia *(awareness):* es la que nos permite saber lo que está ocurriendo dentro de la conciencia. Es más abarcante que la conciencia. De hecho, gracias a la Consciencia sabemos que existe la conciencia.

En mis conferencias he venido diferenciando entre ambas, diciendo cosas como:

- La Consciencia se tiene, la conciencia se gana.
- Cuando hago actos con plena Consciencia, mi conciencia aumenta, y así puedo pasar a la acción de una forma coherente.
- Cuando mi conciencia se conecta con el Campo infinito de la Consciencia, tengo la posibilidad de aumentar mi conciencia y de hacerme cada vez más consciente.
- Hacerse cada vez más consciente es acercarse al *despertar* de que todo está intrínsecamente unido, y el Campo de la Consciencia nos permite expresarnos de infinitas maneras en el campo de la conciencia.
- La Consciencia se puede equiparar con la *Divinidad*, y esto me lleva a otra definición: la divinidad (Consciencia), que también podríamos llamar *unidad*, se expresa en el campo de la conciencia, en el campo de la dualidad, en el mundo material, en el mundo de la experiencia.

Es importante entender que en el mundo dual —en el mundo que yo llamo real—, el cuerpo no tiene la capacidad de experimentarse a sí mismo. UCDM* también expresa muy claramente lo que estoy exponiendo:[1]

"El cuerpo no puede proporcionarte ni paz ni desasosiego, ni alegría ni dolor. Es un medio, no un fin. De por sí, no tiene ningún propósito, sino solo el que se le atribuye" (T-19.IV.B.10:4-6).

"Puedes esclavizar un cuerpo, pero las ideas son libres, y no pueden ser aprisionadas o limitadas en modo

---

* Un curso de milagros.

alguno, excepto por la mente que las concibió. Pues esta permanece unida a su fuente, que se convierte en su carcelero o en su liberador, según el objetivo que acepte para sí misma" (T-19.I.16:4-5).

"El cuerpo no puede curarse porque no puede causarse enfermedades a sí mismo. No tiene necesidad de que se le cure. El que goce de buena salud o esté enfermo depende enteramente de la forma en que la mente lo percibe y del propósito para el que quiera usarlo" (T-19.I.3:1-3).

Si lo físico es consecuencia de lo mental, y lo mental es consecuencia de lo espiritual, esto nos lleva a que tenemos que prestar atención a todos los estados fenoménicos que se manifiestan en la conciencia.

Lo que nos permite hacer esto es la *magna presencia,* que se deriva del Campo de la Consciencia. Esta nos da el conocimiento de lo que ocurre en la conciencia, que a su vez nos informa de lo que hay en la mente, y esta nos informa de lo que le ocurre al cuerpo. Por todo lo anterior, estoy desarrollando el método de la Bioneuroemoción (BNE) como un camino para ampliar la conciencia, lo que nos permite hacernos cada vez más conscientes de cuál es la auténtica realidad de los hechos, las circunstancias y las relaciones que inundan nuestra vida. En este campo de la mente, las emociones son el vehículo que nos permite conectar nuestra mente con el cuerpo.

En *Curación y Recuperación*, David R. Hawkins nos dice que: "El principio básico esencial para la curación de todas nuestras enfermedades, sean cuales sean, es, ante todo, que solo estamos sometidos a lo que tenemos en mente".

Mi trabajo consiste esencialmente en aumentar la conciencia de la persona que cree vivir un problema determinado. Buscamos un contexto, un escenario, en el que podamos incluir todos los actores, los diálogos y la situación estresante. Así observamos cuál ha sido nuestra conducta frente a estos hechos, que llamamos *reales:* cuáles han sido los sentimientos, las emociones, las sensaciones físicas. Llegamos a la comprensión de que todos estos estados son la manifestación de diversos programas que anidan en nuestro inconsciente y buscan expresarse en el campo de la conciencia. La conciencia aumenta o, dicho de otra manera, nos hacemos más conscientes cuando comprendemos cuál es el fundamento de la expresión de nuestras vidas. Esto permite liberarse de la culpa, del victimismo. La comprensión superior nos lleva a perdonarnos a nosotros mismos y a los demás.

En este libro quedará claro y explícito que no hay nadie más a quien perdonar. El otro, al que llamo tú, es solamente la expresión de la Consciencia en la pluralidad de la conciencia, y los personajes de esta última se reencuentran para vivir una experiencia, que en última instancia es el perdón.

La Consciencia se manifiesta en una variedad de estados de conciencia y abarca todo un universo o una colección de ellos; esto no importa.

De todo lo anterior se deduce que el límite de la conciencia es el límite de la dualidad. Cuando pasamos a un estado no-dual, un estado no lineal, entramos en el Campo insondable de la Consciencia. En ella se encuentran todas las infinitas posibilidades.

La Consciencia se proyecta en el mundo dual, en el mundo lineal, mediante los niveles de conciencia. El doctor David R. Hawkins expresa y explica la conciencia mediante su mapa de niveles. Hay personas atrapadas en la ira, en la cólera, en la sinrazón, en su conmiseración hacia sí mismas, en sus resentimientos. Quedan bloqueadas en un nivel de conciencia muy tóxico que les puede llevar a desencadenar malestares físicos y mentales. Todo ello se debe a que no se permiten aumentar su nivel de conciencia mediante la comprensión y el perdón.

El estado o nivel de conciencia en el que cada uno se encuentra no implica falta o defecto moral, no implica que esté bien o que esté mal. Es la Consciencia, que se expresa a través de cada entidad, de cada unidad de conciencia. Todo está bien, aunque esto no quiere decir que mis actos no tengan consecuencias. No solo tienen consecuencias, sino que estas me permiten tomar conciencia y aumentarla gracias a la Consciencia que se expresa en mí a través de la experiencia.

A medida que mi conciencia aumenta, disminuye el miedo y aumenta la confianza; disminuyen también la angustia y la ansiedad, y aumenta el bienestar social. Para mí, este es el objetivo primordial del método de la BNE.

En las páginas de este libro queda claro que la búsqueda del despertar no se fundamenta en el esfuerzo, en la perseverancia, en el hacer. Si caemos en esta trampa, estamos cayendo en la trampa del ego espiritual, estamos asumiendo que hay un *yo* que busca *algo*. Así, uno se esfuerza y se esfuerza hasta que cunde el desánimo, y el ego sigue existiendo.

Se hace imprescindible tomar conciencia de que no hay un ego, un *yo* buscando algo, pero sí hay un aspecto del *YO* —de la Consciencia— que incorpora esta búsqueda en Sí Misma. El deseo de alcanzar el estado de liberación nunca puede surgir del ego. Si este deseo te embarga, al ego no le quedará más remedio que aceptarlo, pero él procurará por todos los medios buscar tu desaliento. En el mejor de los casos, te dirá que es posible, pero también te recordará que es muy difícil. Aquí surge el *ego espiritual,* que conlleva una lista interminable de cosas que debes hacer para ser muy espiritual.

Y rizando el rizo, para evitar el desaliento y que dejes de buscar en el hacer, el ego te convencerá de que es casi imposible despertar en una vida. Para conseguirlo, necesitarás varias vidas. Esta es la mejor trampa que ha urdido el ego para mantener ocupados a todos aquellos que buscamos la liberación.

UCDM nos enseña que podemos salvarnos —liberarnos— en un instante: "Es posible aprender este curso inmediatamente, a no ser que creas que lo que Dios dispone requiere tiempo" (T-15.IV.1:1).

Por ello, postulo que el factor tiempo relaciona la Consciencia con la conciencia. A medida que me libere del control del tiempo, en el que el ego me mantiene esclavizado, en esa misma medida me liberaré de los perniciosos recuerdos del pasado y de la necesidad de controlar el futuro. Para el ego el tiempo es muy importante. Su creencia en él como algo inmutable le permite hacerme vivir en el miedo y la inseguridad.

UCDM nos descarga de esta obligación de *hacer* diciéndonos: "No pienses que puedes ir en busca de la salvación a tu manera y alcanzarla. Abandona cualquier plan que hayas elaborado para tu salvación y substitúyelo por el de Dios" (T-15.IV.2:5-6).

El YO —la Consciencia— se expresa en la infinidad de *yoes* —la conciencia— y en múltiples circunstancias. El despertar es inevitable; el cuándo y el cómo, que pertenecen al ámbito de la dualidad, dependen del nivel de conciencia de cada cual. No habrá un Juicio Final, lo que habrá —y hablo desde el punto de vista del espacio/tiempo— es un Final de los Juicios. El Juicio Final es el umbral de la vida; por fin desaparece el miedo a la muerte, por fin se comprende que la muerte no supone la desaparición, sino la vida, la liberación. "El único propósito del tiempo es 'darte tiempo' para alcanzar ese juicio" (T-2.VIII.5:8).

Voy a hacer una recapitulación para reencuadrar lo expuesto hasta ahora:

- La Consciencia agrupa todas las posibilidades y realidades. Es el verdadero espacio, la matriz en que se desarrolla la toma de conciencia hasta su última potencialidad.[1]
- La espiritualidad es el desarrollo de la conciencia en este sentido. Es la comprensión de que no hay nadie que tenga que despertar, pues es la Consciencia Misma la que se está experimentando a Sí Misma en Sí Misma a través de los estados de conciencia.
- No hay un yo que tenga que despertar. Hay un YO que juega a estar dormido y es inevitable que despierte, primero en el sueño y luego desprendiéndose de él, para retornar con Plena Conciencia.
- La conciencia no es consciente de lo que le está ocurriendo dentro de ella. A esto se le llama estar dormido o estar en el sueño.
- Experimentamos la experimentación y su gestión —por parte de la Consciencia— dentro del campo de la conciencia.
- Cuando despertamos, sabemos que en la experimentación hay *algo* que se está experimentando. Este algo es la Consciencia.

- Nuestro libre albedrío consiste en escoger —"el poder de elegir", diría *Un curso de milagros*— cómo queremos vivir la experiencia. Cabe la posibilidad de que, al menos conscientemente, no podamos elegir los lugares, los hechos y las relaciones que experimentamos en nuestra vida; pero sí podemos elegir cómo queremos vivirla. Aquí reside la posibilidad de ampliar nuestra conciencia al beber de la sabiduría del Campo de la Consciencia.
- Las cosas no ocurren en contra de nuestra voluntad. Son el resultado de nuestra posición mental y emocional en el campo de la conciencia. Por eso, *Un curso de milagros* nos dice: "El secreto de la salvación es que todo lo que te ocurre lo has pedido tú mismo".

Lo que llamamos progreso espiritual reside precisamente en esta toma de conciencia. En el universo no hay víctimas ni culpables; es el desarrollo de una elección y de una toma de decisión interna. La conexión entre la conciencia y la Consciencia nos iluminará para tomar las decisiones correctas. Cuando esto sucede, la mente queda en silencio y por fin escucha la *voz* sin palabras, los pensamientos que no piensas.

El mundo no se cambia con actos ni con palabras ni con hechos. El mundo cambia con nuestro estado de Ser, que viene de una ampliación de nuestra conciencia.

"Si un número suficiente de nosotros llega a alcanzar una mentalidad verdaderamente milagrosa, este proceso de acortar el tiempo puede llegar a ser virtualmente inconmensurable" (T-2.VIII.2:7).

CAPÍTULO 1

ATENCIÓN A LOS SMITH* EN EL CAMINO[2]

Para comprender este apartado del libro, es importante centrarse en la película *Matrix*. Esta película es una alegoría del despertar. Nos hace tomar Consciencia de que vivimos en una realidad virtual que se halla en nuestra mente, y que nos tiene esclavizados en una manera de ver y entender el mundo: la dualidad.

Cuando Morfeo —cuyo significado en griego es "el que hace ver maravillas"— muestra a Neo las pastillas roja y azul, le da la opción de seguir en su realidad virtual o, por el contrario, de despertar y tomar con plena conciencia el timón de su vida.

A primera vista, Neo —anagrama de *one**— parece ser el elegido; tiene que ser el primero y gracias a él los

---

* Personaje de la película *Matrix* que trata de impedir el despertar de Neo, el protagonista.

* One: uno.

demás podremos despertar. De ser así, esto sería una incongruencia. Como este libro pretende llevarnos a la Consciencia total, donde solamente existe el UNO, no habría dónde elegir. Uno se elige a sí mismo y el que parece ser otro es solamente una parte de uno mismo proyectada hacia fuera para que podamos ser conscientes de nuestro propósito.

En el sueño, el Uno debe proyectarse en el dos para poder verse a sí mismo, sin ser consciente de que esto es así. Aquí reside la fuerza de la dualidad, la fuerza de la separación. Para poder vivir en esta *realidad* virtual, el Uno se proyecta a sí mismo desde la Consciencia del SER, olvidándose de ello porque se encuentra sometido a una fuerza de división y separación que él mismo ha creado, pero que ya no recuerda. Estamos plenamente en el sueño, en el mundo material. Para poder dar fuerza a esta *realidad* fabricada, hay que crear un ente, el ego, que nos mantenga en ella y luche por ella, y cuyo principal motivo sea no despertar, pues ello equivaldría a su destrucción.

En *Matrix,* el agente Smith sería el ego, una especie de antivirus diseñado para evitar que el virus del despertar ataque al sistema: así permanecemos dormidos y seguimos al servicio de las máquinas. Las máquinas son la clase dirigente, la verdad establecida y ortodoxa que dice cómo deben ser las cosas y cómo evitar que mentes abiertas a otras formas de pensar y de ver la vida se extiendan por el sistema y lo pongan en peligro.

La historia está llena de ejemplos similares, de pensadores que se han liberado del paradigma de la ortodoxia —de que las cosas deben ser de cierta manera y no de otra— y que han vislumbrado verdades más elevadas. Por otra parte, también está llena de inquisidores que se permiten atacar a los demás en nombre de la verdad —*su* verdad—, y no dudan en calumniar y desprestigiar en nombre de la ciencia, sin ser conscientes de que esta ha tenido que corregir sus postulados infinidad de veces y, en muchas ocasiones, las *casualidades* han provocado cambios paradigmáticos. Muchas veces, la ciencia se olvida de que su función principal es estudiar todo aquello que no comprende, ser objetiva a la hora de analizar las circunstancias, y dejar de dar explicaciones solo desde un punto de vista —el dual—, para adentrase en otra forma de ver.

La ciencia tiene la obligación de comprender lo que no puede explicar, pero no desde su mapa mental, sino desde la perspectiva de que se podrán obtener muchas explicaciones cuando este cambie.

Cuanto más fuerte se hace Neo, cuanto más toma conciencia, más Smiths salen a su encuentro. Smith no solo quiere evitar que Neo despierte, también desea apropiarse del sistema para que sea solo de una manera: el sistema Smith, un sistema que anule cualquier forma de pensar que no sea la de la dualidad.

En nuestro mundo, Smith se convierte en la Santa Inquisición: intenta convencer al sistema de que hay entes pensantes que lo ponen en peligro. Genera miedo e inseguridad, dando a entender al sistema que, si no anula el nuevo paradigma, él va a desaparecer, cuando en realidad es todo lo contrario. Smith persigue el control por el control, que el sistema mismo se vea sometido a él para así cerrar toda posibilidad de cambio; así el sistema será suyo.

Hay muchas clases de Smith —cada uno de ellos controla una parte del sistema— para que, al final, todos los entes se queden dormidos gracias a una pastilla llamada miedo.

Smith odia el cambio. Para él es un gran peligro que pone en entredicho sus mandamientos, sus verdades, que están sujetas a una premisa absoluta: *solo existe la separación*. Tú no eres Yo, por ello te puedo atacar y destruir, y para ello me valdré de cualquier medio o excusa. Y siempre en nombre de la verdad. A todo lo que no concuerde con esta verdad lo llamaré magia, pseudociencia, secta, pecado, etc.

Smith es el guardián de un sistema de pensamiento anquilosado en estructuras caducas. Se muestra opresor ante cualquier cambio en la mente, y evita que esta sea plenamente consciente de su poder y de que es absolutamente libre de pensar, puesto que, desde su propia apertura, puede acceder a todas las posibilidades que se hallen a su alcance. La mente libre se retroalimenta a medida que va alcanzando a comprender que TÚ y YO somos UNO.

One, anagrama de Neo, significa *el uno, el único*. Su vida es el arquetipo de Jesús, Buda, el Mesías y de la misión universal: salvar a la humanidad.

Pero nadie puede salvar a nadie si no existe el dos —la dualidad—. El Uno sabe que su despertar es el de todos. El Uno abre la posibilidad de que la diversidad, la dualidad, tome conciencia de que vive en una realidad virtual, y de que renuncie a cualquier valor que la alimente, por muy elevado que parezca. Esta es la trampa: creer que somos buenos cuando sufrimos con los demás, cuando creemos que podemos salvarlos. No hay nadie a quien salvar, salvo a uno mismo; esta es la verdad suprema. Neo nos enseña a despertar del sueño de la dualidad y nos recuerda que el poder del Uno es el de Todos.

Quiero hacer hincapié en el nombre de pila de Neo, que es Thomas Anderson. El apellido Anderson proviene de Ander + son = hijo del hombre. *Matrix* es una analogía de todo aquello que nos sucede cuando decidimos pensar de otra manera.

Mi historia

En este relato no pretendo explicar mi historia en su totalidad, pero sí quiero hacer referencia a una parte que tiene que ver con el propósito de este capítulo.

Como algunos saben, llevo bastantes años buscando y, en esta búsqueda, que es la de muchos, pretendo encontrar la simplicidad que subyace detrás de todo cuanto acontece en nuestras vidas. En este proceso, que yo llamo *el arte de desaprender,* he ido tomando conciencia de que la verdad es muy simple y de que nuestro ego, que vive en la dualidad, trata de hacerla complicada y difícil. Recuerdo perfectamente que pedí a la divinidad hacer un curso de autoconocimiento, pero quería que fuera el curso de cursos. Estaba cansado de leer libros y más libros que no me llevaban a nada concreto, salvo a practicar un sinnúmero de técnicas y rutinas. "Todo debe ser más simple", pensaba una y otra vez.

Este llamado interior fue respondido a través del regalo de una de mis pacientes que alternaba su vida entre España y Venezuela. Sintiéndose agradecida por el trabajo que yo había realizado con ella, quería hacerme un regalo y me preguntó qué me haría más ilusión.

—Deja que tu intuición y que tu guía interior te digan lo que es mejor para mí —le respondí.

A los pocos meses de esta conversación se presentó en mi consulta con un libro y me dijo:

—Sentí un impulso cuando pasaba cerca de una librería. Entré y mis pasos fueron como guiados hasta llegar a la estantería donde se encontraba este libro, y lo compré sabiendo que es la respuesta. El libro en cuestión se titulaba y se titula *Un curso de milagros*. Cuando tomé el libro en mis manos, sentí que la respuesta había llegado y empecé a leerlo por el "Manual para el maestro". Mi corazón vibró y pensé: "¡Por fin!" El libro era una revelación, un nuevo perfume, aire fresco que había entrado en mi vida; ahora todo recobraba su sentido y dirección. Supe en mi fuero interno que mi búsqueda había terminado. Ahora empezaba el cambio, la transformación, la materialización de un camino que siempre había sabido que estaba allí y que mi mente no alcanzaba a encontrar.

Siempre se ha dicho que cuando el alumno está preparado, aparece el maestro. Yo sentí que esto se cumplía y puse todo mi empeño en su lectura y aplicación. Mi sorpresa fue mayúscula cuando, al empezar a leerlo, todo me resonaba, todo estaba ya en mi interior; solo tenía que enseñarlo para poder aprenderlo, tal como dice en sus páginas.

Me molestaba el título, molestia que era fruto de la programación fundamentalista cristiano-católica que había recibido. Hoy sé sin lugar a dudas que todo tiene una razón de ser y que todo es perfecto. Empecé llamándole *curso de autoconocimiento,* hasta que llegué a comprender que lo que realmente importaba eran los conceptos y no las palabras; que estas escondían las percepciones de cada cual y que el cambio no estaba en la forma, sino en el concepto. Así lo explica el *Curso:* cambia los conceptos y el mundo cambiara, pues detrás de ellos se encuentra la percepción, que es lo único que debe sanarse. La percepción conforma nuestro mundo, que siempre se basa en interpretaciones y no en hechos.

En mi deambular por este proceso empecé a vislumbrar la posibilidad de llevar la filosofía y la metafísica de este libro a situaciones más cotidianas y, por así decirlo, más palpables. Aparecieron seminarios como Curación Emocional, en los que quería transmitir a las personas que la curación no estaba en tratar el cuerpo, sino la mente, tal como explica *Un curso de milagros*. También quería dejar muy claro que hay que cuidar, alimentar y curar el cuerpo con los remedios materiales que todos conocemos, pero que la auténtica curación está en la mente y en el cambio de percepción de los hechos cotidianos, empleando para ello un recurso fundamental: el perdón. Se trata de comprender que no hay nada que perdonar ni nadie a quien perdonar, salvo a uno mismo. Cada cual es la causa de los efectos que experimenta en la vida.

En este mi proceso conocí a una serie de personas y las enseñanzas de diversos pensadores y buscadores de otra forma de ver y entender la enfermedad. Ellos conformaron mi mente de librepensador y desde estas páginas quiero darles las gracias, a cada uno en particular y a todos en general: desde aquellos que me desprecian, pasando por los que me ignoran y terminando por aquellos que se alegran de mi proceder y de mi proceso de toma de conciencia, y que de alguna manera lo comparten.

He ido creciendo hasta empezar a ser conocido y mediático. Los vídeos en los que enseño esta forma de ver y entender la vida han sido vistos millones de veces —la última estimación era de más de trece millones—. Mi Facebook tiene más de ciento sesenta y cinco mil seguidores, y crece a razón de entre mil y dos mil por semana. En mis últimas conferencias, los asistentes han superado con creces el millar de personas. He tenido que digerir toda esta *locura,* que nunca busqué ni perseguí, no sin dolor, porque no me considero una persona a la que le guste la popularidad. Todo lo que me ha sucedido y me sucede supera con creces cualquier pensamiento *calenturiento* que haya podido tener con relación a mi trabajo y a mis objetivos. Mantengo la ecuanimidad, la sencillez en mi vida, y no dejo de estar rodeado de personas que aquietan mi espíritu y me proporcionan la calma y el sosiego necesario para tomar decisiones acordes con el mensaje que quiero llevar al mundo. Aporto mi granito de arena en este despertar que preconiza *Un curso de milagros,* que nos dice que, si quieres hacer tuya alguna cosa, empieza por enseñarla. Si quieres la libertad que anhelas, enseña a tus hermanos a ser libres, porque solo dando es como puedes recibir.

Dar para recibir no tiene nada que ver con dar para obtener; lo primero es inevitable y la consecuencia de que TÚ y YO somos UNO, lo segundo es la consecuencia de que tú y yo somos dos. Por eso, recibimos tal como damos. El *Curso* nos enseña: si no te gusta lo que recibes, cambia lo que estás dando. Y también nos dice que esta ley no puede cambiarse ni en el cielo ni en el infierno.

Sobre este despertar, que es el de todos, el *Curso* nos dice que sabremos cuál es nuestro despertar cuando veamos despertar a nuestros hermanos. Con este despertar, que va formando una masa crítica, el ego empieza a ponerse nervioso porque sabe que es su destrucción.

En mi vida, de momento el proceso de enseñanza se desarrolla —se cristaliza— en un método llamado Bioneuroemoción (BNE). Es la evolución de sus antecesores —más duales y biológicos— hacia otro método más holístico, con una visión cuántica, no-local y no-lineal de la realidad, que se apoya en investigaciones y estudios científicos, tal como indico en mi libro *El arte de desaprender*.

El método de la BNE empieza a conocerse en todo el mundo y ya hay tres universidades que lo avalan: la Iberoamérica de Torreón, México, la Facultad de Ciencias Médicas de Rosario y la Facultad de Medicina de Mendoza, ambas en Argentina. Asimismo, estamos en negociaciones con diversas universidades de Chile. Hay que añadir que en otras partes del mundo también están interesados en nuestra metodología, y todos estamos haciendo el esfuerzo de llevar este conocimiento —esta forma de abordar la enfermedad, los problemas sociales, las desarmonías en las parejas— a todos los lugares que lo requieran y que muestren suficiente interés por su difusión.

En España es donde surge mi Smith: los guardianes de la verdad más ortodoxa que, curiosamente, siempre son los que menos saben sobre lo que estamos haciendo.

Smith es el guardián de una forma de pensar y de ver la vida. En nuestro caso, de la "verdad" de que todos somos víctimas de las circunstancias externas y de que tenemos que protegernos de ellas. Incapaces de cambiar su forma de ver y de vivir, sus premisas mantienen a las personas atadas a la creencia de que la causa de todas las circunstancias que nos acontecen, las buenas y las malas, está fuera de nosotros.

> "No puedes convencer a un creyente de nada, porque sus creencias están basadas en una enraizada necesidad de creer."[1]

> "Una creencia no es solamente una idea que la mente posee, sino una idea que posee a la mente."[2]

El miedo atenaza las mentes de las personas asentadas en una forma de ver, que anteponen el juicio de unos pocos —los cuales esgrimen la excusa de que lo que se hace es pseudociencia, paparruchadas...— al desarrollo del libre pensamiento, a la apertura de mente y al estudio de la nueva propuesta. Hemos de comprender que en la recuperación de la salud de las personas hay muchas cosas que funcionan y que no pueden ser explicadas por lo formalmente establecido y aceptado por la ciencia. Estas mentes no se abren a las evidencias de que hay algo más, de que, quizás, la mente humana tenga más importancia en la ecuación de la enfermedad, de la vida y de la muerte. Al ser, a la persona, hay que ponerla en su justo lugar: tenemos que buscar la fuente de muchos efectos en las causas subjetivas y en la realidad de cada uno de nosotros. El cómo —nuestra forma de afrontar los acontecimientos de la vida— tiene mucho que ver con la salud y la enfermedad.

La ecuación es A (acontecimientos) + B (pensamientos, creencias y programas) = C (consecuencias conductuales o emocionales). La clave no es eliminar A, sino que B nos permita trascender su impacto mediante el cambio de creencias y valores, y el paso de una percepción dual a otra holística.

Hay personas que se creen superiores al resto de los mortales y con la sapiencia necesaria para decidir en su nombre, como si los demás fueran tontos o estuvieran faltos de criterio para saber lo que más les conviene. Ellos, los salvadores del mundo y de las patrias, los fundamentalistas de que el mundo solo puede verse de una forma, los nuevos nazis —todos deben ser rubios, con ojos azules y todo lo que no esté en su mapa mental debe sufrir su holocausto—, no quieren explicaciones ni razonamientos, solo

quieren ver destruido aquello que piensan que les amenaza. Y eso que creen que les amenaza es algo muy simple: el
cambio. El cambio es lo que más le molesta al ego, a Smith.
El cambio siempre conlleva no poder controlar a las masas.
Si estas liberan sus mentes, el sistema se desmorona y tiene que ser sustituido por otro más libre, donde el miedo
no campe a sus anchas y el respeto a la diversidad sea el
primer mandamiento de una nueva sociedad.

Propongo el nacimiento de la Nueva Sión, la Nueva Jerusalén, donde el respeto al pensamiento sea algo fundamental, sustentado en la plena conciencia de que el dos
no existe. Lo que llamamos el dos es la explosión de la inmensa energía que almacena el Uno, que se experimenta
a sí mismo en la pluralidad y en la diversidad. En la Nueva
Jerusalén, el factor común será la diversidad, y el primer
mandamiento será el respeto por las creencias de los demás. Solo así se podrá alcanzar la paz de espíritu necesaria
para la curación de los males que se expresan en nuestras
mentes, en nuestros cuerpos y en nuestras vidas.

Que aparezcan los Smiths nos indica que nuestro camino florece, que vamos bien, que el cambio se está produciendo. Si no viene a través de nosotros, se expresará a
través de otros porque, sencillamente, no hay ni unos ni
otros, solo existe el UNO expresándose en polaridades
aparentemente encontradas, opuestas, que son la fuerza
motriz para que el cambio sea posible. La oposición es el motor para que todo se mueva y, aunque a veces parece que
triunfa una polaridad, al final la que ha permanecido oculta
se manifiesta en plenitud, provocando el cambio que tanto
quería impedir la otra. Esto es lo que ocurre cuando estás
en la unidad; no ves dos polos opuestos, sino complementarios. Entonces es cuando los puedes trascender y per-

mitir que la Consciencia se manifieste plenamente en la situación, la Presencia que no ve ganadores ni perdedores. Su enseñanza se transmite a través de los opuestos porque creemos que vivimos en un mundo de cuerpos y mentes separados.

Como dice *Un curso de milagros:* "Todo aquel que está involucrado en una situación, está haciendo el papel que le corresponde".

Bienvenido seas a mi vida, Smith. Si me preguntas por qué sigo mi camino, te respondo: "Porque lo elegí". Este es el poder de nuestro mundo dual. No somos conscientes de que aquello que se rechaza recibe fuerza del propio rechazo, produciendo así el impulso que hace que todo cambie. Esto es así porque el UNO integra al dos y se alimenta de su energía, de su experiencia, de su dolor, de su apego, de su fuerza por expresarse en la separación, en la proyección. Eres el espejo en el que puedo ver mi sombra, de la que puedo obtener la energía para desarrollar mi vida. Gracias por la energía que me envías, que me da fuerza para ser más humilde y tomar conciencia de que lo que debe ser, simplemente ES.

Tus gritos, tus calumnias, tus insultos son la fuerza para que avance. Gracias por todo ello, porque tú formas parte de mí, como yo de ti. No podríamos existir el uno sin el otro. Tu fuerza es mi desarrollo, tu oposición me hace más fuerte, da energía a mi mente y me permite expresar mi pensamiento, que lo envuelve todo y a todos. Gracias, querido Smith.

La Providencia —la Presencia— siempre está

Mi mujer y yo nos tomamos un día de asueto, de relax, y la mejor manera de entenderlo para mí es ir a caminar por el monte.

El día iba perfecto. Ya llevábamos más de tres horas andando y estábamos de camino hacia donde habíamos dejado el coche para ir a comer. Estábamos regresando mi cuñada, mi mujer y un servidor. Por otro lado, mi cuñado había recogido a dos de sus hijos y a su madre, y nos esperaban en el restaurante. Todo marchaba bien hasta que nos dimos cuenta de que nos habíamos desorientado, que no perdido porque, aunque no sabíamos dónde estábamos en ese momento, sabíamos hacia dónde dirigirnos. Una vez orientados, buscamos una referencia más concreta, que fue un camino asfaltado.

—Estamos lejos del coche —nos dijimos mi cuñada y yo.

—Llama a tu marido y dile que vamos a llegar tarde, y que ya les comunicaremos qué estamos haciendo.

A los pocos minutos pasó un coche y lo paramos para preguntar. Resultó que conocían a mi cuñada, y que la señora me conocía a mí por los vídeos —sin comentarios—. Nos llevaron cerca de donde teníamos el coche y unos minutos después de las tres de la tarde ya estábamos en el restaurante, más o menos a la hora prevista.

Cuando nos dejaron, les dije:

—Lo que ha ocurrido hoy es lo que explico en mis vídeos. Hoy vosotros habéis sido el vehículo mediante el cual se ha expresado la Providencia.

Durante la comida se me comunicó una noticia que me resultaba molesta, porque había tomado una decisión sin conocer ese factor. Dicha decisión representaba un coste de varios miles de euros. Me disgusté, me dejé llevar por la ira. Aunque enseguida la controlé y me callé dejándola ir —como muy bien explica el doctor Hawkins—, me sentía triste. Aplicando el curso, pedí Expiación por creer en mi error, por la percepción que tenía del asunto, y en mi silencio interior fui alejándome de todos.

Reflexionaba con la frase que Kenneth Wapnick expresa en su libro *2+2 =5:*
"Jesús jamás nos dice que nunca nos enfademos, sino simplemente que no lo justifiquemos. 'La ira nunca está justificada' (T-30.VI.1:1)". Entré en un bar para tomar un café. Entonces, se me acercó un señor y me preguntó:
—¿Eres Corbera? ¿Enric Corbera?
—Sí —respondí.
—Gracias, mil gracias por todo lo que nos enseñas en tus vídeos, es un honor conocerte en persona...
Lo que siguió no tiene mayor importancia; lo que se vivió en el bar, pienso que sí. La verdad es que yo no fui consciente de esto, pero mi sobrino, que también lo vivió, me contó que todo el bar, incluso la chica que servía, se quedó en silencio observando la escena. Me siguió contando que en el bar se respiraba una paz y un amor impresionantes. Cuando abracé a este señor varias veces, la emoción lo embargaba todo.
Intenté explicarles lo que había vivido, pero me fue imposible. Mis ojos se humedecieron y simplemente volví a dar las gracias a la Providencia.
La separación es imposible, pero es posible creer en ella. Mis creencias determinan las vivencias que voy a tener en mi vida. No culpemos a nadie, no busquemos excusas, no juguemos a ser víctimas. Cuando tu mente se aquieta, cuando entregas tu *error* a la divina Providencia, Esta siempre acude a ti. Basta con estar alerta y se manifestará en las situaciones más simples. No esperes trompetas celestiales ni cánticos angélicos. Ella está a la espera de que tú la solicites, y a continuación simplemente tienes que retirarte. Ella se manifestará en tu vida en proporción —por así decirlo— a tu apertura de conciencia. No eres mejor ni peor,

ni más avanzado ni más merecedor. No es una cuestión de mérito o demérito; sencillamente es la manifestación de lo que siempre está aquí, y cada uno lo experimenta en función de su apertura de conciencia.

La Presencia se hará cada vez más evidente en tu vida conforme dejes de identificarte con el ego como si fuera tu verdadero yo. Conviertes al ego en un *eso,* al igual que cuando ya no te identificas con tu cuerpo. Sigues viviendo, riendo, comiendo, relacionándote contigo mismo a través de los demás. Pero ahora tienes plena conciencia de que hay *algo* que se expresa a través de ti y a través de todos, y no hace falta ser consciente para que suceda. Este *algo* siempre está presente, está ahí, al servicio, sustentándolo todo y manifestándose por doquier; por eso se le llama Presencia.

Vivir en la zona de comodidad que nos ofrece el ego parece ser lo mejor. Y al dejar de identificarme con él, parece que algo muera en mí. Solo cuestionándote tus valores y tus creencias permitirás que se manifiesten otras realidades en tu vida. Invocar la Presencia —al Espíritu Santo— te dará tranquilidad y seguridad para entregar toda situación a Aquel que sabe lo que es mejor para ti y para todos.

Uno se mueve en la Presencia, que es la Consciencia que lo sustenta Todo. Cuando dejas de identificarte con los valores que el mundo te ofrece, te das la oportunidad de permitir que tu conciencia se expanda. Ya no te aferras a los valores del mundo, donde todo es efímero. Vives plenamente, evitas el juicio, te expresas sin oponerte a la verdad de los demás, dejas que se te inspire y sabes que la Magna Presencia nunca da órdenes ni realiza injerencia alguna. Su inocencia es prístina.

El Tú pregunta: —¿Qué es la Presencia?

El Yo responde: —Es la manifestación del SER, de la Consciencia, en un instante de tu vida en el que puedes percibirla si tu mente se halla lo suficientemente aquietada. Al sentir esta energía, este Poder, el intelecto le llama Presencia como reconocimiento de que hay algo más que lo trasciende todo y que está en Todo.

CAPÍTULO 2
LA COMPRENSIÓN Y LA TOMA DE CONCIENCIA

Cuando hables a alguien de *la toma de conciencia,* tu explicación será entendida en función de la apertura de la conciencia de quien la escuche. Esto puede provocar preguntas como: "Entonces, cuando tome conciencia, ¿todo se arreglará en mi vida? ¿Cuánto tiempo tardarán en manifestarse los resultados esperados en mi vida una vez que tome conciencia?". Preguntas como estas y otras parecidas proceden de una mente atrapada en la dualidad, en el hacer, en el qué, cómo y cuándo.

La toma de conciencia a la que quiero dar relevancia es un cambio radical de percepción: antes lo veía de una manera y ahora, inexplicablemente, de otra. Esta otra manera me transmite un estado de paz interior, fruto de una aceptación que va mucho más lejos de la resignación que enseñan las religiones. Es un *saber* que todo está bien, que el fenómeno que estás viviendo es una proyección de tu conciencia en la pantalla del mundo para que puedas trascender la aparente dualidad que mantiene maniatada la mente.

Por ello, la mejor manera de resolver los problemas es transcenderlos y verlos desde un punto de vista más elevado. Trascender los opuestos no es un trabajo, es una consecuencia directa del nuevo estado de comprensión que alberga la mente. No he tenido que hacer nada, simplemente renunciar a mi percepción, a mis verdades, a mis valores, a mis creencias. Esto es debido a que todos ellos son efímeros, su sustancialidad es la creación de una mente atrapada en la creencia de que lo virtual es la realidad. Trascender no requiere esfuerzo ni una práctica que exija cierta disciplina. Es un cuestionarse y pensar que quizá todo ello pueda ser visto y percibido desde otro paradigma. Este es el punto más elevado y *Un curso de milagros* lo expresa así: "Cuando una punzada de dolor se manifieste en tu cuerpo, puedes elegir verlo desde un punto más elevado, pide un milagro".

Este punto elevado consiste en observar al margen de la dualidad, del posicionamiento. Es la comprensión de que, en este mundo de aparente separación todo tiene su complementario, que se convierte en su razón de ser.

La Comprensión es el estado mental que nos lleva a otro estado o nivel de conciencia. La Comprensión es el canal mental donde se expresa la Consciencia. Por eso, puedo decir que mi nivel de conciencia ha aumentado gracias a que he abierto mi mente a otro estado de Comprensión que me permite que fluya la Consciencia.

Este proceso surge y se desarrolla en la medida en que mi mente deja de posicionarse y empieza a no juzgar. La mente evita condenar y tener razón.

Características de la Comprensión
- No pertenece a la condición humana.
- Puede ser aprendida, pero no enseñada.
- No puede ser expresada.
- No surge de una disciplina previa, de un hacer, es una gracia. Se manifiesta y punto.
- Cuando te alcanza esta gracia, los despiertos están dormidos a lo que el mundo está despierto. Se produce un cambio radical de la percepción, por decirlo de alguna manera. No hay valores que valorar, no hay situaciones que anhelar, no hay momentos que desear, solo existe tu presencia en la Presencia.
- Te mueves en un mundo, eres testigo del despliegue de la Consciencia en un mar de conciencia. Todo se orienta y se polariza en un entramado de conexiones inter-causales, buscándose y encontrándose para completar experiencias duales e integrar la experiencia de unicidad. Todo aquello que genera movimiento, que genera energía, una vez trascendido por la Comprensión de lo vivido, No Es.
- La Comprensión te lleva a darte cuenta de que Una sola Consciencia se manifiesta en esta diversidad de conciencias, y en última instancia, lo que sucede en todas y cada una de ellas carece de relevancia.
- UCDM le llama Conocimiento, y es una *gracia*. No hay que hacer nada para que venga. No es un logro, no es un saber, es un Ser. No tiene explicación posi-

ble, vendría a ser la caída del último velo. Su visión destruye todo aquello por lo que luchabas y morías. Por fin sabes que todo está bien.

- Todo sigue sucediendo, los personajes están ahí, con sus luchas, con sus deseos y sufrimientos. Tú mismo notas el impacto de tus emociones en tu cuerpo. Es más, te duele más que antes: es como una puesta al día en modo urgente. Sabes que tienes que estar, sabes que tienes que ser un testigo, un observador neutral, ves que todo está interrelacionado. ¿Qué puedes hacer? Nada. En esta nada está todo, absolutamente Todo, pues la Consciencia se manifiesta en este teatro.

- Tomas conciencia de que te pones a ti mismo de manifiesto en todo lo que te rodea. Ves la importancia de no juzgar, de permitir que fluya en ti esta energía que lo abarca todo y dejas que las cosas sean; tú puedas ser en esas cosas.

- Nadie es especial, nadie es mejor ni peor, todos están donde deben estar en el momento preciso. Nuestras mentes/cuerpos están programados, condicionados. Nos impulsan a vivir unas experiencias y creemos que tomamos decisiones, cuando en realidad estamos atrapados, arrobados por ellos. Vivimos nuestros condicionamientos y creencias, y los proyectamos en la pantalla del mundo; así obtenemos respuestas estando constantemente condicionados por nosotros mismos.

- La Consciencia tiene una forma muy particular de ver las cosas de la conciencia, con un sentido del humor muy particular. Es su forma de relativizar la gravedad con que vivimos nuestras vidas.

- Por eso, cuando se quiere explicar una Comprensión, hay que hacerlo mediante parábolas, metáforas, historias extrañas, teatro, representaciones exageradamente ridículas para que el ego no intervenga y la información resuene en cada cual, puesto que ya se encuentra allí. No hay nada que aprender, pero sí hay que recordar.

- Lo que se dice en forma de parábolas nunca hay que tomarlo de forma literal, pues las palabras son símbolos de símbolos, y no podemos evitar que se interpreten. Para poder recordar hay que aquietar la mente —con sus excusas y explicaciones interminables— y dejar que la información penetre hasta nuestro inconsciente —que es la puerta de la Consciencia— y dejar que todo fluya. No olvidemos que el lenguaje, los pensamientos y los conceptos son duales, lo que implica que nunca pueden expresar lo que *es*.

Una experiencia de despertar no es el Despertar

Si se me pregunta si he despertado, mi respuesta es un *no* rotundo. Si se me pregunta por qué hablo del despertar, mi respuesta es: porque he tenido varias experiencias de despertar. La Comprensión no es gradual, ni por etapas, pues está fuera del tiempo. Cuando se tiene una Comprensión y el cuerpo/mente la procesa, este tiene una experiencia de despertar.

Por eso debo pensar que la Comprensión, el conocimiento de Sí Mismo, reside fuera de la experiencia humana. La cualidad que hay que desarrollar en la mente es el no-posicionamiento. No olvidemos que a la mente le encanta opinar, y las opiniones siempre son peligrosas por su carga emocional. Una mente que vive en la aceptación no es una mente pasiva, sino en pleno estado de alerta. Es una mente que sabe que es muy fácil caer en *la tentación* de opinar, que nos lleva directamente al juicio. La aceptación vive en una mente no-lineal, una mente que sabe que todo lo que existe y podemos ver tiene su lugar en la Totalidad.

La aceptación nos lleva a un estado de rendición, de ausencia de lucha, a un estado mental de acción impelida por el Gran Poder que emana de cada uno y que sostiene a Todos.

- En definitiva, la Rendición y la Comprensión son lo mismo: "Hágase la Voluntad". Esta voluntad alimenta todo movimiento y toda acción. Es una voluntad que nos permite vivir sin la tan cacareada y manida *fuerza de voluntad.* Como diría David R. Hawkins, hay una gran diferencia entre el Poder y la Fuerza. En sus palabras: "Conviene recordar que el desarrollo espiritual influye en todos los demás desde el interior, mientras que la fuerza intenta cambiar solo lo externo".[1] La Fuerza intenta cambiar lo externo.
- El Poder cambia lo interno influyendo en todos. Se irradia y se comparte.

Cuando dejas de opinar se produce una gran liberación de la causalidad. Te liberas de la necesidad de controlar y, por supuesto, de defender tus opiniones. Te liberas de la búsqueda de argumentos y posicionamientos. Preparas tu mente para el desarrollo de la Comprensión, que te aleja de juicios, de deseos, de preocupaciones, y de la compasión revestida de pena y desasosiego.

Para una persona espiritualmente avanzada, las opiniones que los demás puedan tener de ella son irrelevantes. Esta persona está al margen de cualquier validación, pues vive plenamente en la coherencia emocional. Se muestra al mundo tal como siente, pues no hay mayor acto de amor que mostrar al mundo nuestro auténtico ser. Es una mente libre del cómo mostrarse; es como un niño en un estado de inocencia que le permite ser libre.

Preocuparse es apego, implicación, ansiedad; genera sentimientos de culpa y separación. Además, no le hace ningún bien a la persona por la cual nos preocupamos. Como muy bien nos dice *Un curso de milagros:* "Únete a tu hermano y no a su sueño". Si te unes a su sueño, lo refuerzas, y en vez de ayudarle le complicas más la vida. Se trata siempre de otra opción, de ver la no-linealidad frente a la linealidad; el Poder frente a la Fuerza.

La Comprensión es un *no hay vuelta atrás,* es un deshacer. Cuando miras a tus espaldas ya no ves tu vida anterior. Es un cambio de percepción radical con respecto a los acontecimientos situados en el espacio/tiempo lineal que los destruye porque les da otro sentido. Una información nueva siempre destruye la vieja, y así uno se libera del pasado y empieza a vivir en un *ahora* llamado presente, con unos efectos muy diferentes de los que se vivían antes del cambio de visión radical. Así comienza el despertar y, en la medida en que la mente se mantenga alerta, en algunos el proceso tiene una progresión geométrica, y en otros es como un relámpago que cambia radicalmente el mundo. No sé por qué esto es así.

Hemos de recordar que todo lo que se explica sobre la Comprensión son descripciones, y tenemos que evitar convertirlas es prescripciones. A través de la experiencia espiritual es como surgen las religiones y como se desarrollan prácticas y rituales, porque la mente dual siempre se pregunta cómo, de qué manera.

En *Perfecta, Brillante Quietud*[2], David Carse nos dice:

> "La Comprensión total y la habilidad para expresar con exactitud la Comprensión no van necesariamente de la mano. Algunos de los que están verdaderamente y profundamente despiertos son incapaces de expresarla, mientras que algunas de las mejores expresiones provienen de aquellos que tienen una excelente percepción intuitiva del significado de la enseñanza a nivel intelectual, aun cuando tal penetración no haya sido lo bastante profunda como para haber dejado de experimentar el yo separado".

También deja claro, y esto es algo en lo que estoy totalmente de acuerdo por mis experiencias con seres despiertos, que la idea de que con el despertar el sabio se convierte en un ser elevado y perfecto —un ser libre de enfermedades y de experiencias dolorosas— es errónea. Lo cierto es que el sabio las vive desde otra perspectiva, y que son consecuencia de los programas y condicionamientos que todos traemos al venir aquí, a este mundo de experimentación. La Comprensión te libera de ciertos condicionamientos, de experiencias concretas que se reflejan en tu cuerpo, y te permite trascenderlas mediante un profundo cambio de percepción con respecto a ellas.

Algunos afirman que la Comprensión o el despertar es simplemente un cambio en la percepción. Y para ello, "...solo hace falta un pequeño reajuste, y dicho reajuste consiste en abandonar la identificación con un yo individual inexistente…"[3]. No hay explicación racional de por qué surge la Comprensión en alguien. Recuerdo una ocasión en la que mi mujer y yo estábamos en un *ashram* en la India. Nos encontrábamos con un grupo de devotos del maestro en cuestión, y habían sido devotos durante años. Nosotros apenas le habíamos conocido unas semanas antes, y el mayor deseo de todos nosotros era que el maestro nos concediera una entrevista. La entrevista se la dieron a mi mujer y, gracias a ello, o a ella, todos pudimos beneficiarnos de estar en compañía del maestro. Desde aquel día, todas las personas del grupo miraban a mi mujer de otra manera. Seguro que algunos se preguntaron qué había hecho ella para merecer tal honor. Para mí, la respuesta es muy simple: el gran amor desinteresado de mi mujer por aquel ser, su desapego, su plena felicidad y gozo de estar allí, en su *ashram*. No esperaba nada, no deseaba nada, ella estaba feliz de estar allí. Para ella y para mí fue una experiencia de Unión, de Ser, de Plenitud. Fue la antesala de la experiencia de despertar que tuve con él meses más tarde en su residencia de verano, en unas montañas al sur de la India.

Éramos unas siete personas con un gran anhelo de estar junto al maestro. Habíamos realizado un largo viaje en coche por el sur de la India, un viaje lleno de vicisitudes de todas clases, de experiencias, de encuentros. Sentíamos que no estábamos en ningún lugar concreto. Cuando nos aproximábamos a la población donde estaba el *ashram* —ya era de noche y no teníamos reservado sitio para dormir— una voz interna me dijo: "tenéis que quedaros en un hotel en el que solo habrá dos habitaciones; dividíos entre hombres y mujeres".

Efectivamente, cuando llegamos, todo estaba lleno. Nos dirigieron a un callejón donde había un pequeño hotel residencia. Fuimos hacía allí y un hombre salió de detrás de un mostrador. Había gente durmiendo en el suelo y preguntamos si tenían habitaciones. Asombrosamente nos dijo que sí, que había dos habitaciones, las mencionadas por la voz. Al día siguiente, estábamos en el patio del maestro, esperando que saliera. En él cabían pocas personas y todos estábamos ansiosos por que el maestro nos tocara, nos dijera algo o simplemente nos mirara. Yo estaba en primera fila del recorrido que hace cada día. Estaba contento y pensaba que el maestro me había colocado allí para que pudiera verlo y tocarlo. Lo cierto es que lo que más deseaba era que él me tocara a mí.

Cuando salió, la expectación era máxima. La gente le daba cartas, él sonreía por doquier, y estaba acercándose a mí. El pasillo por donde tenía que pasar apenas medía tres palmos, era imposible que no lo pudiera tocar, o que él no me tocara o me dijera algo. De pronto, se paró a uno o dos palmos de donde yo estaba sentado, se dio media vuelta, y volvió por donde había venido. Me sentí descorazonado, rechazado, castigado; en fin, hecho una piltrafa. Salimos del patio en silencio, cada uno con sus pensamientos y sus experiencias. Me dirigí a esperar a mi mujer, pues hombres y mujeres estábamos separados. Había una gran multitud de gente que se movía de aquí para allá, mendigos que aprovechaban para pedir limosna o vender algo. Mi mirada se perdía a lo lejos, esperando ver el pelo rubio de mi mujer. Y de repente, siento que alguien me toca las piernas y todo queda en silencio. Siento una paz profunda, un arrobamiento, un estar sin estar. Todo lo que me rodea es como irreal, nada parece ser lo que aparenta ser, nada parece tener sentido, y en cambio todo está bien. Oigo la voz en mi mente: "Hola hijo, ahora te estoy tocando". Miro quién me toca: es un hombre con lepra, casi no tiene manos ni nariz. Se arrastra por el suelo, le miro a los ojos y él me mira a mí. Increíblemente, no hay pena, no hay sentimiento, no hay dolor, no hay necesidad de darle alguna moneda, todo esto carece de sentido. Yo era él, él era yo, no éramos dos, no había nadie más. Alzo la mirada y siento que no hay nada separado de nada. El maestro me estaba enseñando que todo es irreal, que los juicios nos mantienen atados al mundo de la experiencia de la separación, y esta al dolor y al sufrimiento, debido al apego y a la preocupación. No recuerdo nada más. Cuando volví la mirada a mis pies, allí ya no había nadie, el hombrecillo ya no estaba. Llegó mi mujer sonriente y feliz, la abracé y nos fuimos mientras le comentaba la experiencia que acababa de vivir.

De todo ello deduje que no hay que hacer nada, que no hay maestro, que no hay disciplina, que no hay práctica, ni ejercicios, ni sacrificios, ni tan siquiera un camino, una manera. Hay que vivir esta vida con una mente libre de juicios, de preocupaciones, de deseos, de apegos. Vivirla como un fluir, pues hay un sentido que va mucho más lejos de lo que nuestra mente individual jamás pueda imaginar.

Hay un proverbio zen que dice: "Cuando un maestro ha empleado una escalera para ascender a lo alto de un muro, esa escalera es desechada para siempre y jamás se vuelve a emplear". Por eso, David Carse, en *Perfecta, Brillante Quietud,* nos dice: "Encuentra tu propia maldita escalera".

Esto es para evitar que los seguidores hagan lo mismo que el maestro y se queden en la conducta, en el hacer y no en el ser. Si el maestro fuma, ellos fuman; si el maestro come carne, ellos comen carne; si medita doce horas, ellos meditan las mismas; si no se baña, ellos no se bañan. Recuerdo la película *Forrest Gump,* con Tom Hanks. Un día Forrest se pone a correr —sencillamente porque tiene ganas de hacerlo— y sigue corriendo durante tres años. En ese tiempo muchos le empiezan a seguir, corriendo detrás de él, pensando que si lo hacen alcanzarán el estado de plenitud que le atribuyen. Al final, Forrest se cansa y dice: "Quiero volver a casa", y deja a todos allí, preguntándose qué tienen que hacer ahora. Así es el ser humano. Busca fuera, busca en las prescripciones el camino, la manera de llegar a un lugar en el que supone que no está, y la Comprensión nos hace vivir lo que nunca hemos dejado de ser. Estamos en el hacer y no en el ser, y de aquí es de donde se alimenta el ego espiritual: de las formas, de las conductas, de las maneras, de cómo comer, de cómo vestir, de ir de un lugar a otro, etc.

"El despertar, la comprensión, no ocurre mientras se persigue una historia, mientras el deseo alimenta el deseo, mientras la necesidad alimenta el querer, todo ello reforzando constantemente el sentido de ser un yo separado que no existe. El despertar ocurre cuando no existe nada de todo esto".[4]

"Tanto el amor como la compasión, la tristeza, la rabia o la cólera se sienten con más claridad y se experimentan con más profundidad cuando uno no se enreda en los posibles sentidos o propósitos… Este despertar no implica que no puedas sentir deseo, daño, dolor, dicha, felicidad, sufrimiento o pena. Todavía puedes sentir todo eso, solo que ahora ya no te convence".[5]

"Tu problema no es el sueño. Tu problema es que te gustan ciertas partes del sueño y otras no. Cuando veas el sueño como sueño, habrás hecho cuanto se precisa hacer".[6]

UCDM dice prácticamente lo mismo: "Los sueños que te parecen gratos te retrasarán tanto como aquellos en los que el miedo es evidente. Pues todos los sueños son sueños de miedo, no importa en qué forma parezcan manifestarse" (T-29.IV.2:1-2).

"La depresión o el ataque no pueden sino ser los temas de todos los sueños, pues el miedo es el elemento de que se componen" (T-29.IV.3:3).

Vivimos en un mundo fenoménico, es decir, en un mundo de manifestación, y en él no puede existir la mitad de un par dual sin la otra mitad. La polaridad es ley en este universo. Todo se complementa, el polo positivo tiene su negativo, lo femenino tiene su masculino. Hasta la psique es polar, pues la personalidad tiene su sombra. Los colores del arco iris se complementan y la unión de complementarios, cuando son luz, dan el blanco, y cuando son pigmentos, dan el negro.

Cada uno, como ser polar, se une a su complementario, sobre todo con relación a los condicionamientos y a los programas heredados, que hacen que nos unamos entre nosotros para dar salida a estos extremos que nos mantienen alterados. Como la fotografía de antaño, el negativo tiene su positivo, y cuando se juntan, la imagen desaparece. La luz necesita oscuridad para que se puedan ver las formas y la profundidad. Por eso, cuando vemos en el otro la parte que nos hace íntegros es cuando podemos trascender la experiencia; esto es una comprensión, una unión, es la curación. Por eso UCDM nos dice que toda curación es integración:

"[El Espíritu Santo] tiene que llevar a cabo Su labor mediante el uso de opuestos porque tiene que operar para una mente y con una mente que está en oposición" (T-5.III.11:3).

Si integramos lo que nos dice UCDM sobre el conocimiento, que equivaldría al despertar, somos nosotros los que impedimos que aflore en nuestra mente. Cada uno obstruye este fluir eterno al escoger vivir en una mente separada, en una parte de esta polaridad. Por eso, la visión del Espíritu Santo, que es integral, facilita la llegada del conocimiento. Nos recuerda que la consecución del mismo no tiene nada que ver con méritos ni deméritos. Es una *gracia* que la Consciencia manifiesta en nosotros. Por ello, si no se manifiesta en Todos, es porque la parte de nosotros mismos llamada conciencia no suelta sus verdades, sus creencias, sus valores, sus percepciones, sus deseos, sus miedos.

La Consciencia se experimenta a Sí Misma a través del mundo fenoménico, en el mundo del tiempo y del espacio, que es el marco perfecto para experimentar la ilusión de la separación, para jugar a No-Ser. En este juego, la mente, al sentirse separada, cree estar separada y entonces crea el ego, una entidad que vive por y para la separación. El ego se alimenta de la mente, y como está hecho de la sustancia universal, también fabrica su mundo con una coherencia perfecta y unas leyes que la sustentan. Es el marco perfecto para vivir la separación como algo real. El ego tiene entidad propia, que consigue gracias a que la mente se siente desconectada de su origen. El ego hace todo lo posible por evitar que esta mente, de la cual se alimenta, tome Consciencia de que puede aniquilarle, pues él solo existe en un sueño que la mente asocia a este cuerpo, creyendo que es el cuerpo.

Este cuerpo/mente siempre se está ajustando a los impactos emocionales. Por ello, cuando hay experiencias de comprensión, cuando uno ve lo que hay detrás de cada suceso, de cada experiencia, el cuerpo/mente se adapta mediante cambios fisiológicos que dan como resultado una curación derivada de este profundo cambio de percepción. En el método de la BNE vengo desarrollando la manifestación de la Consciencia en la conciencia de aquella persona que se siente enferma, que se siente atrapada en sus relaciones e incapaz de trascenderlas, porque no se permite abrir su conciencia a otras maneras de ver y entender las cosas.

Cuando la persona está dispuesta a cuestionar sus valores, sus creencias, a renunciar a su verdad, entonces se puede experimentar una liberación más o menos gradual como consecuencia de abrir la mente, la conciencia, a una visión integral y holística. Esta comprensión se produce en un instante. La persona ya no ve las cosas como antes; esto es lo que yo llamo el proceso de tomar conciencia. Ya no hacen falta más explicaciones, la persona pasa a la acción con plena conciencia de quién quiere ser con relación a lo que antes era un problema. Este proceso de liberación tiene sus pautas y su tiempo; no así la toma de conciencia, que no está sujeta al espacio ni al tiempo. La persona va a su ritmo y va adaptándose a los cambios increíbles que se produce a su alrededor sabiendo que se manifiestan debido a los cambios que se están produciendo dentro de ella. La vida parece seguir igual, pero las relaciones han cambiado porque uno se relaciona consigo mismo de otra manera, sabiendo que afuera no hay nada, salvo la interpretación que doy a cada situación.

Uno ya no pregunta el porqué de las cosas. Comprende que es esta una manera que tiene la mente dual, la mente egótica, de intentar controlar. Cuando dejas que la Consciencia se manifieste plenamente en tu Conciencia, todo ocurre de la mejor manera posible, todo surge espontáneamente.

Sobre el Sueño

En los sueños, los sentimientos y las sensaciones surgen exactamente igual que en la vigilia. La mente no puede diferenciar los sueños que tenemos cuando dormimos y cuando estamos despiertos. Para la mente todo es real, y esa realidad se refleja en nuestro cuerpo.

Por eso, el *Curso* nos dice que nadie puede despertar de un sueño si no piensa que él es el soñador. Lo que yo piense, lo que yo sienta con relación a un acontecimiento o a una relación... para mi mente eso es real. Por tanto, hacer suposiciones no es una buena manera de elaborar proyectos ni de tomar decisiones. Esa frase que dice "Nunca supongas nada de nadie; primero averigua y luego actúa" es un consejo maravilloso para no tomar decisiones de las que más tarde haya que arrepentirse.

Estamos soñando constantemente, cuando dormimos y en estado de vigilia, y no somos conscientes de que nuestros sueños siempre son el reflejo de unos programas inconscientes que proyectamos por doquier allí donde nos encontramos.

Dejar que fluya en tu mente la energía que lleva todo el conocimiento, todo el saber, todas las soluciones a tus problemas imaginarios te permite vivir en un estado —para mí maravilloso— llamado incertidumbre.

El estado de incertidumbre te permite vivir la vida, dejar que esta suceda a través de ti. Te permite tener plena conciencia de que todo tiene un sentido y un para qué. El azar solo es una elucubración mental basada en la creencia de que todo está separado. En este estado permites que tu mente se aquiete, lo que significa no pensar en buscar soluciones, sino en dejar que se te provean.

Este estado mental de incertidumbre te lleva a preguntarte: "¿Eres tú el hacedor?"

Comprendes que hay *algo* que está experimentando y gestionando la experimentación de la experiencia en nosotros.

Hay una cita atribuida a Buda: "Los eventos suceden, las acciones se ejecutan, pero no hay un individuo que sea su hacedor".

Un curso de milagros nos lo dice claramente en el apartado "No tengo que hacer nada". En él se nos recuerda la dificultad que tenemos para dejar de identificarnos con nuestro cuerpo. Se nos enseña que nunca se puede tener una experiencia del cuerpo *ahora mismo*; es su pasado y su futuro lo que hace que nos parezca real.

En este estado mental de incertidumbre, la mente se aquieta, se calma, y te permite convertirte en un observador de los acontecimientos. Como no hay suposiciones, empiezas a ver las cosas como nunca antes las habías visto. Todo está claro, todo se te muestra en la situación. Ves que los sucesos tienen una correlación y un sentido. Cada cosa está en su lugar, la experiencia se experimenta en todos y en cada uno. Todo está relacionado en función de la apertura de la conciencia de los que están involucrados en la situación.[3]

El *Curso*[*] nos dice que, en toda situación, cada uno hace el papel que le corresponde; nadie está allí por casualidad, por azar ni por mala suerte.

---

[*]   *Un curso de milagros*

"Toda situación que se perciba correctamente se convierte en una oportunidad para sanar al Hijo de Dios" (T-19.I.2:1).

Cuando empiezas a convencerte de que tú no eres el agente que ejecuta tus acciones, el sentido del yo empieza a desmoronarse. Empieza un proceso de desidentificación como entidad separada; este es el kilómetro cero del desmoronamiento del sentido del yo. Que una situación sea dolorosa o placentera es consecuencia de un proceso mental llamado identificación. Cuando me identifico con alguien o algo, lo estoy haciendo mío, pues mi mente no-lineal es incapaz de separar el sujeto del objeto. Para ella, todo está unido y tiene un significado.

Cuando observo una situación y me convierto en testigo de ella con una mente aquietada, puedo ver lo que realmente sucede. Si me identifico —mente lineal—caigo en la trampa de la dualidad, y entonces aparecen en mi mente el sujeto bueno y malo.

En una mente en la que no hay identificación —mente no-lineal— nunca se percibe el dos, solo se ve el uno. Es una mente que no separa el día de la noche; es una mente que sabe que, sin uno, no existe el otro. No ve el dos, ve la expresión de lo mismo en distintos aspectos o situaciones. No hay efecto sin causa. Lo importante es colocar el efecto en el lugar adecuado, pues de ello se deriva la plena comprensión de todo cuanto sucede en nuestras vidas.

"Cuando se disuelva tu individualidad no verás individuos en parte alguna, solo el funcionamiento que acaece en la Conciencia. Si lo pillas, es muy fácil de entender. Si no, es de lo más difícil. Si se entiende bien, es muy profundo y muy simple. Lo que estoy diciendo no forma parte del conocimiento espiritual común".[7]

Creer que tus dolores y tus enfermedades están causados por el cuerpo te hace vivir una realidad en la que buscarás la solución fuera de ti. Creer que la causa de todo ello está en tu mente te hace vivir otra realidad que tú sí puedes cambiar.

Lo que te impide despertar es creer que tú no eres el soñador del sueño, que tú no eres la causa de todo cuanto te acontece; creer que naciste con un programa en blanco y que estás en un lugar y con una familia por casualidad.

"Lo que les confiere realidad a los perniciosos sueños de odio, maldad, rencor, muerte, pecado, sufrimiento, dolor y pérdida es el hecho de compartirlos. Si no se comparten, se perciben como algo sin sentido" (T-28.V.2:1-2).

El milagro no hace nada, solo te devuelve la causa, y esto te permite liberar al cuerpo y dejar que se cure. Por eso, sin saber muy bien por qué, solemos decir: "Esto ha sido un milagro".

Una mentalidad milagrosa es la que sabe a ciencia cierta que la causa de todo lo que te ocurre se halla en ti mismo: en tu mente consciente y, sobre todo, en tu mente inconsciente. Hacer actos cada vez más conscientes te permite llegar a un estado cercano al conocimiento. Este es el preludio del estado de *despertar*, que tiene lugar tanto en mendigos como en reyes, y está muy lejos de toda disciplina espiritual.

Los sucesos llamados milagros o milagrosos pertenecen al dominio de la mente no-lineal. Esta mente deja de culpar, de proyectar en los demás la causa de sus vicisitudes y de sus males. Esta mente vive en la comprensión, en la ausencia de miedo y de culpa. Es un estado de aceptación total. No hay un tú y un yo, solo la experiencia que se complementa, y a cuyo movimiento se le puede llamar el baile de Shiva. La vida es una danza en la que los bailarines son atraídos por fuerzas complementarias que dan sentido a su existencia y a su proceso de despertar. Para ello, hay que destruir la dualidad. Esto es lo que significa el baile de Shiva: es la danza cósmica de la divinidad en la dualidad, de la Consciencia en la conciencia, del Yo en el yo/tú, para volver a la plena conciencia del Yo.

El buscador espiritual

La espiritualidad es el aspecto de la psique humana que está abierto a más interpretaciones. En muchas disciplinas supuestamente científicas la espiritualidad es obviada con el peregrino argumento de que no es científica. Parece que todos, o casi todos, olvidan que desde el principio de los tiempos, en la antesala de lo humano, siempre se miraba al cielo. Aquello que no se comprendía se le atribuía a alguna deidad, a algún poder superior. Aquí se inició la búsqueda de lo trascendente, este ir más allá de las razones físicas. La ciencia —no sin motivo— busca explicaciones plausibles que demuestren que todo tiene una razón de ser, una causa. Perfecto. Entonces surge la pregunta: "¿Cuál es el inicio de Todo? ¿De dónde surge esta energía primigenia? ¿Por qué esta creencia desmesurada en un Ser o en un Poder que está presente por todas partes? ¿Acaso es ilícito pensar que el orden que percibimos, la inteligencia que apreciamos por doquier, tiene que surgir por el principio de inclusión —lo grande contiene a lo pequeño— de algo Superior, llamémosle Inteligencia, Consciencia o Divinidad?".

Ser un buscador espiritual es dejarse llevar por un irrefrenable pensamiento y sentimiento de pertenecer a este Todo. Desde el principio de los tiempos, se han buscado caminos para intentar comunicarse y conectar con esta Sabiduría Suprema. Las escrituras que denominamos sagradas están llenas de encuentros con ángeles, con seres superiores, divinidades, profetas que hacen de intermediarios entre aquí y allá —todo ello, con la mejor intención—, y nos ofrecen variedad infinita de temas, métodos, rituales, logias, religiones, etc.

La espiritualidad se ha convertido en descriptiva, en un hacer o no hacer, en un comer o no comer, en rituales más o menos dificultosos, en una variopinta liturgia que se ha de seguir para que uno pueda sentirse espiritual. Esto nos ha llevado a la dualidad de que hay cosas que son espirituales y otras no. Aquí el ego se alegra y engorda como no nos podemos ni imaginar. En nuestra demencia, hemos hecho cruzadas santas, hemos invocado a nuestros dioses para que nos ayuden a vencer al enemigo, como si el enemigo no perteneciera a la misma Inteligencia Suprema. Un mundo de locos dirigido por locos. Como se suele decir, "Ciegos conduciendo a otros ciegos".

El Tú pregunta: —¿Ganar dinero no es espiritual?

El Yo responde: —La espiritualidad no es hacer o dejar de hacer. No son las acciones las que te hacen vivir la espiritualidad. Lo auténticamente espiritual es la intención con la que haces algo. Para responder a tu pregunta, te diré que ser espiritual con el dinero es ganarlo para tu familia, para tu comunidad, para tu empresa. La acción de ganar dinero siempre está dentro de un contexto. Esto es lo importante. No es lo mismo ganar dinero para crear abundancia en tu sociedad, que ganar dinero para tener más, o simplemente porque tienes miedo. Ser espiritual es dar siendo consciente de que dando es como recibes; de que no hay nadie a quien dar, solo te puedes dar a ti mismo. Cuando das para obtener, estás en la dualidad, en el miedo; entonces te quitas a ti mismo, porque tu intención es obtener. ¡Cuántas personas hacen cosas por miedo a perder el cariño de los demás! He visto abuelos que dan dinero a sus nietos porque creen que así se aseguran su cariño.

»Un ejemplo maravilloso es el del creador de Facebook, Marc Zuckerberg, que ha hecho una donación del 99 % de sus acciones para obras sociales. ¿Dirías que esto no es espiritual?

»Crear riqueza y bienestar es una maravillosa forma de expresar la espiritualidad; la especulación empobrece a las personas y las aliena. Tu pregunta queda claramente respondida, querido tú.

La disciplina espiritual, por tanto, lleva implícito que hay que hacer algo para alcanzar algo. Creer en un camino es vivir en la dualidad, en el hacer, en la separación, en el dolor, en el sacrificio, en el destierro del Edén. La espiritualidad que domina la mayoría de las mentes se basa en la creencia de que estamos desterrados por nuestros pecados. Para algunos, decir que somos uno con todo es un auténtico sacrilegio, y no dudarían en matarte si estuviera a su alcance y no estuviera penado por la ley.

Entonces empieza lo que David R. Hawkins llama *hacer el circuito:* leemos textos sagrados, visitamos a algún gurú, vamos a lugares energéticos, cambiamos de ropa, de comida, de religión, hacemos viajes *espirituales* a algún *ashram,* como yo los hice en su día... Y al final el maestro casi me saca a patadas, porque estaba olvidándome de quién soy proyectándome en él. Se me había olvidado lo que me dijo: "Ve y enseña quién es el auténtico maestro". No hay maestros; solamente un camino para expresar y vivir la espiritualidad.

Tal como expone David R. Hawkins en su maravilloso libro *Dejar ir,* lo único que hacen todas estas prácticas y muchas otras es reforzar el yo, el ego espiritual. Esforzarse por ser espiritual alimenta la creencia de que hay que hacer algo para conseguir aquello que anhelamos, pero no sabemos muy bien qué. Aquí el ego espiritual compara constantemente, busca la manera de diferenciarse de los demás, haciendo más y más cosas que solo sirven para sentirse especial. Se habla de conseguir la iluminación, el *dharma,* el despertar, y casi nadie sabe de lo que está hablando ni lo que es realmente este proceso.

El ego se disfraza de espiritual como una manera sutil de sobrevivir: de esta forma, puede seguir existiendo en la Eternidad. Buscar la iluminación es la excusa para poder diferenciarse de los demás, y lleva al buscador espiritual a una manera más sutil de comparación, en la que puede decir al otro: "Es que todavía no estás preparado". Es una forma de decir claramente que no estás a su nivel. Así el ego se cree mejor, superior, especial en este escenario de espiritualidad plenamente diferenciada por sus ritos, alimentos, poses, monumentos, dioses. Es una serie de fantasías que ayudan a fragmentarnos en partes, en modelos, en soluciones, en caminos; en fin, una demencia.

"La denominada autorrealización consiste en descubrir por ti mismo y para ti mismo que no hay ningún yo que descubrir".[8]

"Cualquier cosa en este mundo que creas que es buena o valiosa, o que vale la pena luchar por ella, te puede hacer daño y lo hará. No porque tenga el poder de hacerlo, sino únicamente porque has negado que no es más que una ilusión, y le has otorgado realidad" (T-26.VI.1-2).

Una maravillosa oportunidad que nos da la vida para hacer este trabajo espiritual consiste en afrontar *las catástrofes* de la existencia siendo conscientes de que son experiencias del Ser en Sí Mismo a través de uno. Esta es una oportunidad de oro, una oportunidad de transformación. Estas vivencias, por dolorosas que sean, nos abren a otros estados mentales que nos permiten ampliar nuestra conciencia, convirtiéndose así en las experiencias transformadoras que nos llevan a cambiar creencias y valores, a ver de otra manera el mundo que nos rodea.

Hagamos un paréntesis para reflexionar:

En el día de ayer, 13/11/2015, la barbarie azotó una vez más a la humanidad. En este caso, el escenario fue París, la flor de Europa. Un atentado terrorista sembró el pánico, el miedo y la muerte en esta maravillosa ciudad que a todos nos pertenece un poco, y a mi mujer y a mí quizás un poco más. Nuestra hija está casada con un francés y vive allí. Están esperando una hija, nuestra nieta, que nacerá aproximadamente a mediados de diciembre. El corazón me dolió, y me uní a la mente y al Ser de todos aquellos que estaban sufriendo este episodio de sus vidas. No caí en la trampa del ego de dejarme llevar por la ira y la cólera. Toda experiencia nos pertenece a todos y a cada uno. Todo tiene una causa y vivimos sus efectos. La intransigencia y el fanatismo que recae sobre cada uno de nosotros es la proyección de un estado de conciencia. Esta es una magnífica oportunidad de pasar a la acción, de analizarnos a nosotros mismos: "¿Qué es lo que tenemos que cambiar para poder vivir en un mundo en paz?". Las cosas no suceden por casualidad. Los enfrentamientos entre culturas, razas o religiones son el caldo de cultivo del ego. Creerse mejor o peor que alguien es la máxima del ego, que se apoya en la jerarquía de valores, en la creencia en la carencia, y por ello lucha para obtener. Piensa que si él tiene, tú pierdes. Es la lucha de la sin razón en la que se halla inmerso el mundo actual, que es muy pequeño. Hay países que se creen con derecho a imponer sus leyes y sus creencias, motivados por oscuros intereses económicos. Vivimos en un mundo donde miles de millones de personas carecen de lo mínimo para alimentarse. Creamos sistemas desiguales, sistemas de sometimiento. Con los movimientos desordenados del capital provocamos desplazamientos humanos que no se recuerdan en otros momentos de la historia. Los estados se creen con derecho a intervenir en otras zonas o en otros países poniendo como excusa el orden y la libertad, cuando en realidad hay otros intereses. Me deja anonadado lo corta que es nuestra memoria. Solo recordamos lo que ocurrió ayer; nos olvidamos de lo que el primer mundo ha sembrado y sigue sembrando en todo el orbe. No entendemos por qué somos víctimas, pero permitimos genocidios con la excusa de que no nos competen, y cuando nos tocan de cerca queremos matar a todos los que nos causan daño. Trabajamos sobre los efectos y no sobre las causas. Ahora todos los países quieren acabar con la guerra que asola un país maravilloso —que tuve la suerte de conocer a fondo— porque nadie se siente seguro. Las preguntas siempre son las mismas: "¿Por qué se ha esperado hasta ahora para hacerlo? ¿Por qué después de tanto dolor, sufrimiento y muertes? ¿Tenemos realmente que sufrir para poder cambiar?".

Freud decía que arreglar cosas en el mundo no cambiará nada y, por lo tanto, no tiene ningún sentido hacerlo si no nos ocupamos de la causa subyacente. Él siempre enfatizaba que el inconsciente es irracional y no respeta las leyes del mundo.[9]

Cualquier decisión que tomemos para cambiar el mundo no funcionará realmente mientras no vayamos a buscar la causa subyacente que está en nuestras mentes. Si nos creemos mejores que los demás, que la gente que hace cosas malas, estamos en la misma demencia de ellos; mejor dicho, en la demencia del ego. Por eso la historia se repite una y otra vez. Aplicamos las mismas soluciones a los mismos problemas, soluciones que se alimentan de la separación, de la creencia en una jerarquía de valores que, a su vez, están alimentados por la creencia de que nuestras mentes están separadas.

Ser espiritual no tiene que ver con la forma, no es una conducta, es una experiencia del Ser a través de Él Mismo en Sí Mismo, experimentándose como dos. Es verse a Sí Mismo en el espejo de Sí Mismo. La orientación profunda de la experiencia de la dualidad lleva a verse a Sí Mismo en una pluralidad de manifestación infinita para experimentar la Grandeza del Todo y de cada uno de los que conforman este Todo. Para saber que Soy, me proyecto en una pluralidad de Mí Mismo a fin de poder experimentarme y tomar plena Consciencia. Cuando despierto, sé que todo lo que me rodea soy Yo, y que el teórico Tú también soy Yo en otra manifestación. Yo soy el que roba y el robado; yo soy el santo y el pecador; yo soy el deseo y el castigo; yo soy lo femenino y lo masculino; el que juzga y el juzgado; el maestro y el alumno; el padre y el hijo.

La mente se libera porque reconoce: "Nadie me está haciendo esto a mí, sino que soy yo quien me lo estoy haciendo a mí mismo" (T-28.II.12:5).

Se podría decir que hay dos despertares:

- El primero sería el despertar en el sueño. Sigues soñando que tienes una entidad a la que llamas yo y le pones un nombre. A este proceso UCDM le llama estar en el mundo real. Los personajes siguen estando en su lugar, pero ahora tu percepción ha cambiado, pues te ves a ti mismo en ellos.

- El segundo, y en este caso no hablo desde el yo Enric, sería la muerte de la individualidad. El yo muere. Tienes plena conciencia de que ese yo es algo vacío, alimentado por una conciencia que, al conectarse plenamente con la Consciencia, desparece. Un ejemplo sería la muerte del yo en la película *Lucy,* cuando entrega toda la información en un *pendrive.* Cuando le preguntan "¿Dónde estás?", responde: "En todas partes".

En su libro *2+2=5*, el doctor Kenneth Wapnick dice[10]: "Recordemos siempre que el amor es Unidad. Incluso si encabezamos una sublevación política, podemos hacerlo amorosamente si no convertimos en malvadas a aquellas personas contra quienes nos estamos sublevando".

Reflexión: siempre tendemos a proyectar el odio y la culpa inconscientes hacia el exterior. El fanatismo de toda índole refleja este juicio interno.

El *Curso* nos dice: "Lo único que necesitas hacer es ver el problema tal como es y no de la manera que lo has urdido" (T-27.VII.2:2).

El YO

Una sola conciencia —la Consciencia— fluye a través de toda esta infinidad de formas, y lo que sucede en cada una de ellas, incluyendo la mía, carece en verdad de relevancia.

Hay que cooperar de todo corazón con lo inevitable.

Uno se da cuenta de que este yo, este Enric, no existe, es la expresión de una ínfima parte de una Energía que se expresa a sí misma en Sí Misma. Ya no existe la necesidad de controlar, de hacer planes, de tomar decisiones. Todo es una concatenación de sucesos que siguen una línea de pensamientos, como un hilo de Ariadna que conduce sin remedio a un final que cada cual cree que es real. Este final es el fin de la experiencia, pues la Consciencia, una vez se experimenta en infinidad de posibilidades, retorna a su seno a medida que esas partes de Sí Misma despiertan, dejando de creer que ellas crean la experiencia para Comprender que no son parte de algo, sino un todo en vibración con un Todo.

Llegado este momento, esta llama de Consciencia se pregunta: "¿Debo seguir en el mundo de la experiencia?". La respuesta es que no puedes elegir estar o no estar. Tienes que comprender que este despertar forma parte de la experiencia misma, de la experiencia de Todos.

La persona que crees ser, la persona que se identifica con el cuerpo, no es más que una ilusión psicológica. No existe un Enric; es solo una proyección, un estado de conciencia, no la Consciencia misma. La conciencia se identifica con todo lo que cree ser: deseos, pensamientos, objetos, personas, nacionalidades, etc. Todo aquello de lo que uno es consciente no es el Yo. Por eso hay que dejar de identificarse con todo lo que nos rodea y con el cuerpo. Estás aquí, en este momento, en esta vivencia, en esta experiencia, simplemente para trascenderla y liberarte, para hacerte Consciente, para que todas las partes de este Todo despierten de este mundo de dolor, sufrimiento, enfermedad y muerte.

Al final, uno descubre que todo lo que actualmente considera como sí mismo —incluyendo el ego y la mente— no es Consciencia, es sencillamente conciencia de uno mismo en diferentes cosas.

Lo que es real no muere. Lo que no es real nunca vivió. Cuando sabes que la muerte le sucede al cuerpo y no a ti, simplemente observas tu cuerpo decaer como si fuera una prenda de ropa usada. Lo que tú realmente eres es atemporal y se encuentra más allá de la vida y de la muerte. El cuerpo vivirá lo que sea necesario. No es importante que viva mucho.[11]

El Tú: —Entonces, ¿el miedo a la muerte?
Es cierto que el binomio cuerpo/mente está experimentando dolor y sufrimiento en el proceso

de vivir la vida. Envejecer conlleva los achaques propios del deterioro del cuerpo —gracias a la entropía—, y ciertamente pueden provocar miedo. Morir con dolor, abandonado, en soledad, obviamente puede inspirar miedo. La experimentación de la muerte no existe, pues el Ser que eres no puede morir. Lo que muere es la experimentación en este mundo, y según la conciencia que haya desarrollado este yo experimentará otras realidades allí donde la Consciencia decida experimentarse a Sí Misma.

El estado de Comprensión

El estado de Comprensión es un saber. No es conocimiento, no se puede expresar con palabras porque es una forma de ver lo que te rodea. El observador ya no decide con su pensamiento, simplemente atestigua. Lo hace con un instrumento increíblemente poderoso, una mente liberada del apego y del deseo, una mente que solamente puede ver y percibir que todo está intrínsecamente unido. Es una mente que no juzga, que sabe que todo lo que ve es la expresión de distintos niveles de despertares, de distintos estados de conciencia, que se atraen unos a otros para vivir ciertas experiencias de dolor acumuladas durante eones de culpabilidad inconsciente, para así poder liberarla.

La *cosa* Enric sabe que lo que expresa no es suyo. También sabe que lo que cree comprender no es la Verdad, y que lo que ve está muy lejos de la auténtica Visión. Que su ver es un percibir, una proyección de sus apegos, de sus verdades, de sus programas, de su estado mental. Se ha dado cuenta de que su percepción está muy influenciada por su estado emocional, y de que estas emociones —que son el vehículo de la mente, que dirigen la mente misma— no permiten resolver los problemas.

Comprender nos lleva a un estado de quietud mental, a no buscar, a saber que aquello que necesitamos saber se nos dará en el momento preciso, porque todo es Consciencia expresándose al mismo tiempo en diferentes estados mentales.

El estado de Comprensión está muy lejos del lenguaje, de la emoción, del pensamiento y hasta de la experiencia. Uno no puede definir el Amor, solamente puede vivirlo y expresarlo.

Tenemos una pequeña parte de Consciencia manifestándose en nuestra conciencia. Venimos a este mundo con programas aprendidos, con identificaciones creadas que compartimos con todos. Y como somos muchos —por no decir todos— los que nos vemos sometidos a esta experiencia, creemos que nuestras verdades son eso, verdad.

Hay una verdad que todos deberíamos aceptar: por muchos que sean los que piensen igual y por muchos que sean los que crean la misma cosa, esto no hace que sea verdad.

Cuando uno llega a un estado de Comprensión, no hace falta preguntarle nada, porque sencillamente no sabrá contestar. Es un estado que lleva a la acción, un hacer sin hacer, pues no es una voluntad separada la que hace, sino una fuerza que actúa a través de uno. Las cosas, los eventos, las experiencias simplemente suceden para ser vistas, integradas, comprendidas y después soltadas.

La Comprensión que se expresa con palabras y pensamientos, como en el caso de todo lo escrito aquí, es dual, y por tanto no puede ser la Verdad. Son flechas que dirigen tu mente en una dirección, que te permiten reordenar tus pensamientos, darles coherencia, en un mundo donde cada polaridad tiene su complementario.

La Comprensión equilibra estas polaridades, no dice que una sea mejor que la otra. Sencillamente se da cuenta de que cuando miramos un paisaje, las sombras son fundamentales para poder percibir sus formas y sus fondos.

Llegará un momento en el que aprenderás que no hay nada que tú puedas hacer para alcanzar un objetivo, un deseo, o algo que quieres que suceda. Comprenderás que has vivido en la ilusión de que haces algo para que suceda algo, y quizás lo consigas después de muchos esfuerzos, pero al final te preguntarás: "¿Es esto lo que quería? ¿Es esto lo que realmente deseaba?". En este momento, puedes darte la oportunidad de soltar, de dejar ir, para que la vida se experimente a través de ti y en todo lo que te rodea. Te dejarás llevar por un mar de energía que sabe perfectamente cuál es tu lugar en este mundo de ilusión que muchos creen real. Sencillamente estarás despertando a un estado de comprensión que te liberará de los apegos que te hacían sufrir. Sabrás que todo es efímero, que todo es intrascendente y que la propia muerte del cuerpo es una suerte de experiencia para poder liberarnos de este pesado y sufrido sueño que es la vida, y que creemos que es Vida.

Quién despierta del sueño

Si solo existe la Consciencia expresándose a Sí Misma en Sí Misma en todo lo que vemos y soñamos, entonces, ¿quién es el que sueña, si el soñador que creemos ser no existe como tal? Si no existe el otro, si no existe el tú, si solamente es la Consciencia expresándose en infinidad de partículas de conciencia, entonces, en realidad, ¿alguien o algo sueña?

La posible respuesta sería: la conciencia es la pequeña parte de la Consciencia que cree estar separada y, al creerlo, crea la separación. Pero como la separación es imposible, su realidad es el sueño, y de aquí surge la entidad que se alimenta de esta creencia: el ego.

Por eso el despertar no es un hacer, es un deshacer, es una desidentificación, es un desaprender, es un convertirse en observador/atestiguador de una realidad virtual que la mente vive —por no decir sufre— al identificarse con el cuerpo/mente, que en mi caso se llama Enric.

En la medida en que esta conciencia aumenta por la simple razón de que cada vez se hace más Consciente, irá desapareciendo el apego a las cosas del mundo para convertirse en una experiencia de vivir en armonía con todos y con todo.

Dicho de otro modo, la Consciencia, que por definición está despierta, se está observando a Sí Misma en un estado de sueño. Se ve a Sí Misma viviendo la experiencia de No-Ser, lo cual le permite SER.

Por todo ello, puedo deducir que es la Consciencia la que decide despertarse a Sí Misma del estado onírico en el que está viviendo. Conclusión: el sueño en el que creo estar viviendo terminará en un momento mediante lo que muchos llaman la Gracia. Nadie puede despertarse por sí mismo, porque este último paso lo da la Consciencia Misma.

Para favorecer este paso es de vital importancia saber lo que nos dice el *Curso*: "Tú no puedes despertarte a ti mismo. No obstante, puedes permitir que se te despierte. Puedes pasar por alto los sueños de tu hermano. Puedes perdonarle sus ilusiones tan perfectamente, que él se convierta en el que te salva de tus sueños" (29.III.3:2-5).

Se nos enseña que, ya que vivimos en el mundo de la dualidad, esto nos permite vernos a nosotros mismos en el otro, y todo aquello que perdonemos nos lo estamos perdonando a nosotros mismos. Por eso cobra pleno sentido la frase del *Curso* que dice: "Mediante tu regalo de libertad te liberas tú". Todo lo que haces al otro te lo haces a ti mismo. Tus juicios recaen sobre ti, porque el otro eres tú. Tú nunca estás con nadie, siempre estás contigo mismo a través del otro que llamas tú. Al final, no hay unos pocos que despiertan y muchos otros que están dormidos. Es la Consciencia viviendo diferentes estados, a los que llamamos estar dormido o despierto. Nada más.

El Ojo que todo lo ve,
lo que ve,
lo ve a través de tus ojos.[12]

Todo es muy simple

"Nada real puede ser amenazado.
Nada irreal existe.
En esto radica la paz de Dios."
Un curso de milagros (Introducción 2:2-4)

No hay nadie aquí, el mundo no existe. El cuerpo parece existir, pero no existe ni por un instante. Tú no eres un cuerpo y jamás lo has sido. Veamos lo que dice UCDM sobre el cuerpo:

"El cuerpo no puede proporcionarte ni paz ni desasosiego, ni alegría ni dolor. Es un medio, no un fin. De por sí no tiene ningún propósito, sino solo el que se le atribuye" (T-19.IV.B.10:4-6).

"Atribuir la responsabilidad de lo que ves a aquello que no puede ver, y culparlo por los sonidos que te disgustan cuando no puede oír, es ciertamente una perspectiva absurda" (T-28.VI.2:1).

"Si ves a tu hermano como a un cuerpo, habrás dado lugar a una condición en la que unirse a él es imposible" (T-19.I.4:3).

"No hay ni un solo instante en el que el cuerpo exista en absoluto. Es siempre algo que se recuerda o se prevé, pero nunca se puede tener una experiencia de él ahora mismo. Solo su pasado y su futuro hacen que parezca real" (T-18.VII.3:1-3).

"El cuerpo es algo externo a ti, y solo da la impresión de rodearte, de aislarte de los demás y de mantenerte separado de ellos y a ellos de ti. Pero el cuerpo no existe. No hay ninguna barrera entre Dios y Su Hijo, y Su Hijo no puede estar separado de Sí Mismo, salvo en ilusiones" (T-18.VI.9:1-3).

El héroe del sueño es el cuerpo:

"El sueño del mundo adopta innumerables formas porque el cuerpo intenta probar de muchas maneras que es autónomo y real. Se engalana a sí mismo con objetos que ha comprado con discos de metal o con tiras de papel moneda que el mundo considera reales y de gran valor. Trabaja para adquirirlos, haciendo cosas que no tienen sentido, y luego los despilfarra intercambiándolos por cosas que ni necesita ni quiere. Contrata a otros cuerpos para que lo protejan y para coleccionar más cosas sin sentido que él pueda llamar suyas. Busca otros cuerpos especiales que puedan compartir sus sueños. A veces sueña que es un conquistador de cuerpos más débiles que él. Pero en algunas fases del sueño, él es el esclavo de otros cuerpos que quieren hacerle sufrir y torturarlo" (T-27.VIII.2).

Lo que alimenta la ilusión de la separación y todas las ilusiones es la creencia de que tú no tienes nada que ver con todo lo que te ocurre, con las causas que percibes como responsables de tu dolor y de tu sufrimiento.

Aquí, en este mundo dual, solamente hay una apariencia de cuerpo y una conciencia que anida en él. Esta conciencia, como vengo explicando, es una parte de la Consciencia que se proyecta en un mundo de ilusión, con unas leyes que lo gobiernan para vivir una experiencia de separación, y así poder reafirmarse a Sí Misma cuando se reúna consigo Misma.

No hay nada aquí que exista por sí mismo. Basta con observar todo lo que te rodea, la increíble armonía y equilibrio que lo mantiene todo unido. Cuando uno de los habitantes de este mundo produce un desequilibrio, sea en un sentido o en otro, todo el sistema se tiene que reajustar. Hasta en el mismo mundo dual, el mundo de la separación, es evidente que todo está intrínsecamente unido.

Hay que vivir en el mundo con esta conciencia. No hay nada que tengas que hacer para lograr algo; no hay nada que debas llegar a ser, que debas purificar. Vive con profundo respeto hacia todo lo que te rodea, con la conciencia de que no hay nada externo a ti porque tú formas parte intrínseca de este Todo. No hay nada que puedas hacer a los demás que no te hagas a ti mismo. Quizá no veas las consecuencias de tus actos porque estas se manifiestan en el tiempo; la creencia en el tiempo es la gran trampa del ego para mantenerte en este mundo.

En la medida que tu conciencia se vaya abriendo a esta nueva manera de ver y entender las cosas, en esa misma medida la relación causa/efecto se irá reduciendo en el tiempo; verás las causas de los efectos que estás viviendo. ¡¡Felicítate!!

CAPÍTULO 3

LAS OPORTUNIDADES DE ORO Y SUS MANIFESTACIONES

Un canto a la reflexión y a la indagación

Lo que me sucede, ¿es fruto de la casualidad o tiene un sentido, un propósito, un para qué? He aquí el dilema en el que se debate la humanidad.

Nadie puede dudar de que el universo está regido por unas leyes inexorables que mantienen el orden y el equilibrio en el estado de todas las cosas. Podemos observar cómo crece una flor, cómo se gesta un ser humano, podemos estudiar cómo se codifica la información con una simplicidad pasmosa y una sencillez portentosa. Hay inteligencia por doquier, hay coherencia y equilibrio en todo. Todo está interrelacionado, el desequilibrio de un eslabón afecta a la cadena entera. El aleteo de una mariposa en un punto puede producir consecuencias imprevistas en otro; las migraciones siguen un orden preestablecido. No hay nada que no interactúe con alguna otra cosa, solo el hombre parece no ser consciente de ello. La gran mayoría piensa que sus actos no tienen efectos. De otro modo, ¿cómo se puede explicar el hecho de encontrarme un inodoro, o un colchón, o un mueble en medio del bosque? ¿Cómo es posible que las parejas que hacen el amor en los rincones de la arboleda dejen rastros por todas partes, como papeles, condones, artilugios, vasos, botellas? Me pregunto y sigo preguntándome: "¿Cómo es posible que una multitud de personas celebren una fiesta y al día siguiente los trabajadores municipales tengan que limpiar y recoger toneladas de basura? ¿Cómo es posible que el nivel de contaminación aumente cada día —hasta el punto de afectar el equilibrio mismo del planeta— y lo único que hacemos son reuniones donde unos pagan a otros para seguir contaminando, como si la contaminación no fuera con los que contaminan y lo único que tienen que hacer es pedir perdón?".

Si observas el mundo a cierta distancia, ves gente y más gente cuyo principal objetivo es consumir. Se entregan a metas efímeras, a un sinvivir, a liberarse a través de las drogas, el alcohol, el sexo, de diversiones que son como fugarse de algo y no llevan a ninguna parte. Esta actitud se podría resumir en la frase: "¡¡Por fin es viernes!!". Se trata de esperar al siguiente día festivo, como si fuera una isla de descanso que muchas veces se convierte en una explosión de excitación y excesos. Estamos en un mundo que busca consumir para seguir viviendo a través del consumo. Y está regido por una ley: si no hay consumo no hay vida, no hay riqueza. Dedicamos horas y horas de trabajo a conseguir algo que tenemos que pagar a plazos, y no nos permitimos disfrutarlo porque hay que pagarlo.

Por razones familiares estoy en París: nuestra hija ha dado a luz a una niña. En el camino del hotel al hospital vemos indigentes que viven y duermen en plena calle, familias con niños intentando dormir a la intemperie. Al lado, justo al lado, restaurantes llenos de comidas, gente riéndose, fumando, bebiendo, *divirtiéndose*. Estoy en París, la ciudad de la luz, dicen. Soy uno más, soy un observador, trato de no juzgar. ¿Qué puedo hacer? Sería todo un presupuesto dar algunos euros a todos los que me encuentro estos días en mi ruta diaria.

Soy consciente de que en el universo solo hay abundancia, y de que se expresa según la conciencia de cada cual. Estamos hipnotizados por nuestras creencias, somos zombis moviéndonos de aquí para allá, queriendo dar sentido a este movimiento.

En mi mente martillea un pensamiento del *Curso:* "Únete a la mente de tu hermano, no a su sueño". Únete al soñador, únete a la verdad que reside en él y solamente a lo que Es.

Hay que despertar de este sueño, pero para ello es necesario tomar conciencia de que estamos en él. Siempre viene a mi mente la película *Matrix*, y veo a Neo moviéndose como si las leyes del mundo no le afectaran. Cómo esquiva las balas, cómo utiliza el Poder y no la Fuerza. Él es el arquetipo en el que todos debemos reflejarnos. Cuando se queda ciego es cuando ve.

Hay que despertar a la comprensión de que todo cuanto nos sucede, todas nuestras vivencias, todos nuestros sinsabores y desencuentros están en nosotros mismos, y no hemos de contemplar lo que vemos a nuestro alrededor como si de algo ajeno se tratara.

Multitud de las referencias que vemos fuera nos permiten encontrar lo que tenemos que cambiar dentro.

Las enfermedades

"El sufrimiento es una llamada a la indagación. Todo dolor requiere ser investigado."[1]

Cuando te sientas enfermo, nunca preguntes ¿por qué?, porque si sigues por ese camino, solo llegarás al resentimiento. Los porqués solamente buscan el control, que conlleva más sufrimiento.

Llevo muchos años compartiendo el dolor y el sufrimiento de muchas personas, dolor y sufrimiento que yo mismo he experimentado y que, como ley ineludible de este mundo, todos experimentamos en cierta medida.

Siempre recordaré la frase de un compañero de fatigas cuando estábamos haciendo el servicio militar. Habíamos realizado una marcha muy dura y llegamos al cuartel destrozados, sin comprender muy bien por lo que estábamos pasando. Mi compañero de litera era poca cosa en cuanto a su aspecto físico, pero me había sorprendido mucho ver que aquel cuerpecillo podía aguantar lo que muchos serían incapaces. Estando los dos sentados en las literas, sin decir nada, suspirando, maldiciendo en silencio, me miró y me dijo: "Que Dios no me envíe todo lo que soy capaz de aguantar".

Cuando experimento dolor físico y emocional, siempre me acuerdo de aquel compañero que la vida puso a mi lado, y particularmente de estas palabras. No volví a verlo más, pero su cara nunca se ha borrado de mi mente. ¡¡Qué momentos nos depara la vida, qué situaciones y qué cosas nos llegan a impactar!!

Unas semanas más tarde murió mi padre y volví a recordar aquella frase. No pude despedirme de él. Murió de repente, dejando una viuda y diez hijos, de los que yo era el mayor. ¿Qué se suponía que tenía que hacer?

Varios de mis hermanos se apoyaron en mí. Asumí el papel de protector, y surgió de mí una especie de función paterna, pero no podía darles todo lo que me pedían. Un amigo me dijo: "No te puedes ocupar de lo que no te puedes ocupar; empieza por ti mismo". Antes de que siguiera este sabio consejo pasaron unos años, y en esos años una hermana murió de anorexia. Se apagó como una vela, su cuerpo parecía haber salido de un campo de concentración nazi. Antes de morir, la doctora que la cuidaba me dijo: "Es increíble lo que puede hacer la mente humana. Tu hermana está gravemente enferma y sus análisis salen todos bien. Es más, estoy convencida de que cuando se los hacemos, ella controla el proceso y todo sale perfecto".

Esta es otra frase que marcó mi vida posterior, aunque en aquel momento pareciera no tener mucha importancia. Mi camino estaba trazado, un impulso interno hizo que tomara las decisiones que me han llevado hasta donde estoy ahora.

Desde entonces, mi vida ha estado relacionada de algún modo con la salud. Este camino, que ya dura más de 25 años, me ha llevado a buscar respuestas donde no las había. La vida me las ha ido proporcionando casi de forma inconsciente; se han ido acumulando a la espera de poder ser expresadas.

En el año 1993 llegó a mis manos un libro que mi inconsciente llevaba tiempo pidiendo en oración: "Señor, envíame un libro para adquirir el autoconocimiento, pero, por favor, que sea 'el libro', y no uno más de todo lo que hay en las librerías". El libro se llama *Un curso en milagros.* Cuando lo tuve en mis manos supe que la vida me había dado la respuesta. Lo abrí en uno de sus tres apartados, el "Manual para el maestro", aunque había algo que me molestaba y me molestaba mucho: su nombre. Así, como el propio *Curso* dice: "Si quieres aprender algo, enséñalo", empecé a enseñarlo. Siempre recordaré que a mi primera clase vinieron dos personas que hasta entonces habían sido amigas mías. Digo que habían sido amigas mías porque después de esta primera clase no volví a verlas. Pero yo continué, y a final de curso había en mi clase veinte personas. Lo curioso —ahora me río de este pensamiento— es que no conocía a nadie de los que venían a mis clases del *Curso*, que por aquel entonces no me atrevía a llamar *Un curso de milagros.*

Este libro abrió mi mente y empezó a darme respuestas. Lo primero que tuve que hacer fue invertir mi pensamiento con respecto a la realidad de las cosas:

- La enfermedad no está en el cuerpo, sino en la mente. Vivimos en un mundo de nacimientos y muertes basado en nuestra creencia en la escasez, en la pérdida, en la separación y en la muerte.
- Una vez que alguien queda atrapado en el mundo de la percepción, queda atrapado en un sueño. El mundo que vemos simplemente refleja nuestro marco de referencia interno.
- Mediante el perdón cambiamos la manera de pensar del mundo. Al no mantener a nadie prisionero de la culpabilidad, nos liberamos.
- Para que un pensamiento se convierta en carne, es necesaria una creencia.

- Tienes que cambiar de mentalidad, no de comportamiento, y eso es cuestión de que estés dispuesto hacerlo.
- No hay pensamientos fútiles, todo pensamiento produce forma a algún nivel.
- El sacrificio es una noción que Dios desconoce por completo.
- La capacidad de percibir hizo que el cuerpo fuese posible, ya que tienes que percibir algo y percibirlo con algo.
- Una de las ilusiones de las que adoleces es la creencia de que los juicios que emites no tienen ningún efecto.

Ahora mismo voy a compartir esta cita que sintetiza perfectamente lo que quiero expresar con este libro:

"El que enseñes o aprendas no es lo que establece tu valía. Tu valía la estableció Dios. Mientras sigas oponiéndote a esto, todo lo que hagas te dará miedo, especialmente aquellas situaciones que tiendan a apoyar la creencia en la superioridad o en la inferioridad... Una vez más: nada de lo que haces, piensas o deseas es necesario para establecer tu valía" (T-4.I.7:1-3;6).

Una pregunta que puede responderse es: "¿Cuál es el porqué de la enfermedad?", aunque el *Curso* nos recomienda que no preguntemos *por qué,* sino "para qué". Así, vuelvo a repetir la pregunta: "¿Para qué es la enfermedad?".

Como puedes ver, amigo lector, hacer la pregunta de una manera u otra cambia el sentido de la búsqueda. En el *porqué* buscamos algo externo; en el *para qué* nuestra búsqueda recae en nosotros mismos.

Otra manera de expresar lo mismo sería: "¿Qué sentido tiene la enfermedad?". Para poder dar respuesta a estas preguntas es imprescindible una inversión del pensamiento. No hay que buscar fuera las causas de todos mis males y desasosiegos por una razón simple y contundente: *fuera no hay nada, no hay nadie*. Es la Consciencia expresándose en esa infinidad de partes de Sí Misma llamadas conciencias.

Entonces grito: "¡¡Estoy enfermo!! ¡¡He perdido a mi hijo!! ¡¡Estoy sin trabajo y no puedo mantener a mi familia!! ¡¡Es una injusticia!! ¡¡Me duele, el dolor es insoportable!! ¡¡Veo muertes, asesinatos, violaciones, guerras, hambre por todas partes!!".

"No me sirve que se me diga: 'Dios te ama', 'Jesús está contigo', 'Hay que tener fe'. Al *carajo* con todo, me duele, me muero, estoy enfermo, estoy solo, no tengo trabajo ni dinero, y apenas dignidad..."

Ante todas estas exclamaciones, se impone un *silencio* respetuoso.

"Te encuentras en una situación imposible únicamente porque crees que es posible estar en una situación así" (T-6.IV.10).

—¡¿Cómo dices?! ¿Que yo mismo me estoy creando una situación así? —grito en mi desesperación—. Esto es lo último que me faltaba por oír.

"¿El sentido de la vida es nacer para morir? ¿Tanta energía por doquier para que al final nada de nada? ¿La vida es comer y evitar ser comido? ¿Cómo se nos ocurriría dejar herederos de toda esta *mierda*, con perdón?

"El mundo que ves es el sistema ilusorio de aquellos a quienes la culpabilidad ha enloquecido. Contempla detenidamente este mundo y te darás cuenta de que así es. Pues este mundo es el símbolo del castigo, y todas las leyes que parecen regirlo son las leyes de la muerte. Los niños vienen al mundo con dolor y a través del dolor. Su crecimiento va acompañado de sufrimiento y muy pronto aprenden lo que son las penas, la separación y la muerte. Sus mentes parecen estar atrapadas en sus cerebros, y sus fuerzas parecen decaer cuando sus cuerpos se lastiman. Parecen amar, sin embargo, abandonan y son abandonados. Parecen perder aquello que aman, la cual es quizá la más descabellada de todas las creencias. Y sus cuerpos se marchitan, exhalan el último suspiro, se les da sepultura y dejan de existir. Ni uno solo de ellos ha podido dejar de creer que Dios es cruel. Si este fuese el mundo real, Dios *sería* ciertamente cruel" (T-13. Intr.2:2-11;3:1).

Tenemos que elegir y quizás este sea uno de los pocos poderes que tenemos en este mundo de ilusión. Elegimos ser víctimas del mundo o maestros de él. No hay otra opción: en el mundo en que vivimos todo está separado, empezando por nuestras mentes, o todo está unido, especialmente nuestras mentes, que forman parte de la Mente Una.

De nuestra elección depende el resultado de nuestras vidas y de nuestras experiencias en este mundo. En la primera elección la muerte sería el final; en la segunda, la muerte no existe como tal, lo que muere es el cuerpo porque no tiene vida propia.

Experimentamos dolor y sufrimiento, que se reflejan en nuestro cuerpo y en nuestra mente, por una simple razón: creemos que somos un cuerpo que ha creado una mente. En realidad, lo primero es la vida y la Consciencia, que se expresa en este mundo y crea el cuerpo como medio de expresión. Como prestamos toda nuestra atención a los cuerpos y a las mentes, que creemos separados, nuestras creencias se manifiestan en ellos. Lo que ves es lo que crees: "Es imposible no creer en lo que ves, pero es igualmente imposible ver lo que no crees" (UCDM, T-11.VI.1:1).

Siempre recordaré el día en que mi mujer y yo íbamos caminando por el monte. Era una época del año en la que salen muchas setas, y a mi mujer y a mí nos gustan mucho. Le di una patada a una seta pensando que no era comestible, y mi mujer, recogiéndola, me dijo que era un níscalo. No entendía cómo no me había dado cuenta, pues conozco perfectamente el aspecto que tiene esta clase de seta. Durante años, desde mi infancia, había ido a buscarlas con mi padre. ¿Cómo es posible que no la viera si estaba a mis pies? Es más, le había dado una patada. Lo que había ocurrido es que a la altura donde nos encontrábamos hacía mucho viento, con lo que esta seta pierde su color habitual y adquiere un tono blanquecino. Cuando tomamos conciencia de ello, alzamos la vista y vimos decenas y decenas de setas por todas partes.

Empecé este capítulo con la reflexión de que todo dolor merece ser indagado, investigado. Este es para mí el propósito y el sentido de la enfermedad: un proceso de tomar conciencia mediante la luz que nos aporta la Comprensión de la experiencia que estamos viviendo.

Esta Comprensión nos libera de un estado que es fundamental para que la enfermedad anide en nuestros cuerpos y previamente en nuestras mentes. Estoy hablando de la culpabilidad inconsciente o, más bien, de la gran culpabilidad inconsciente. Nuestro mundo se alimenta de la culpabilidad, que se expresa de infinidad de maneras: en forma de creencias, dogmas, costumbres, actos, ídolos, etc.

Se realizó un experimento sobre las creencias mentales de las mujeres con respecto a sus periodos menstruales: se tomó a una serie de mujeres, se les puso una inyección y se les dijo que de este modo se saltarían el siguiente periodo menstrual. La inyección era un placebo. Aproximadamente el 85 % de ellas se saltaron el siguiente periodo menstrual, y el otro 15 % experimentó un largo retraso en su inicio.[2] El cuerpo es el reflejo de lo que creemos, de modo que si nos dirigimos directamente a los sistemas de creencias, a la mente misma, donde están siendo experimentadas, podemos deshacerlas. Tenemos esta opción y esta libertad.

"Todo lo que aceptas en tu mente se vuelve real para ti. Es tu aceptación lo que le confiere realidad" (T-5.V.4:1-2).

"Las enfermedades son inconcebibles para una mente sana, ya que no puede concebir atacar a nada ni a nadie" (T-5.V.5:3).

Nuestras enfermedades y nuestros problemas están condicionados, programados en nuestra mente inconsciente para que, en el momento de experimentarlos en nuestras vidas, los podamos trascender. Esta trascendencia se alimenta de la comprensión, que no puede desarrollarse si pensamos que la causa de todo lo que nos ocurre no está en nosotros. La culpabilidad debe ser diluida, pues alimenta y sustenta la creencia en la separación y el victimismo.

Lo que nos atrapa en este mundo es el dolor, que creemos que proviene del pasado y de causas externas a nosotros. Por eso, cuando sentimos dolor y no lo justificamos, no lo razonamos, pierde su sentido y podemos dejarlo ir. El dolor se alimenta de la culpabilidad inconsciente, y su manifestación en nuestra mente y en nuestro cuerpo es una oportunidad de indagar en él, de investigarlo y llegar a comprenderlo. Este proceso nos lleva a un estado mental que podemos llamar de perdón, pues tal como dice el *Curso:* "El que perdona se cura". Pero no nos olvidemos de que lo que realmente necesita curación no es el cuerpo, sino la mente que se sentía separada.

Mientras el mundo siga creyendo en la enfermedad como algo externo a uno mismo, no podemos sanar. No olvides que tú y yo somos uno. Por eso, si queremos que el mundo sane, solamente podemos hacer una cosa: sanarnos a nosotros mismos.

> Liberar a las personas de la idea de que sufren
> es la mayor de las compasiones.[3]

Por eso, intentar ayudar a los demás, hacer de corrector, es caer en la trampa de la dualidad, es hacer real lo que es pura ilusión. Tú no puedes ayudar a los demás por la sencilla razón que no sabes lo que es mejor para ti mismo, nos diría *Un curso de milagros*. Debes entregar tu quehacer al Espíritu Santo y dejar que Él te guíe en este proceso de querer ayudar al mundo.

> Quien se ha investigado plenamente a sí mismo,
> quien ha llegado a Comprender,
> jamás intentará interferir en el juego
> de la conciencia.[4]

Una de las cosas que nos mantiene atados al mundo de la ilusión es que hay partes del sueño que nos gustan y otras partes que nos disgustan.

"Los sueños que te parecen gratos te retrasarán tanto como aquellos en los que el miedo es evidente. Pues todos los sueños son sueños de miedo, no importa en qué forma parezcan manifestarse" (T-29.IV.2:1-2).

Podrías preguntarte: "Entonces, ¿tengo que pasar de todo?". La respuesta es un no rotundo. Durante tu estancia en este mundo, tu conciencia puede hacer mucho para liberarse del sufrimiento. Y la manera es muy simple: no te unas al sueño de dolor y sufrimiento de tu hermano. Estate con él, vive con él, acompáñalo en su trayectoria, sé el espejo en el que él pueda verse a sí mismo, donde vea lo que no puede ver de sí mismo.

¡Quiero ayudar!

"Yo te dirigiré allí donde puedas ser verdaderamente servicial, y a quien pueda seguir mi dirección a través de ti" (T-4.VII.8:8).

Vive la vida como una maravillosa experiencia de la Consciencia. Un regalo para experimentarte como una parte de un Todo Inconmensurable, Inimaginable, que te enseña en tu proceso, aquí en este mundo, la Grandeza de la que procedes; la Grandeza que te sustenta y te da la vida; la Grandeza que anida en ti y que puedes dejar que se exprese libremente a través de ti.

El ego nos mantiene atrapados en la creencia de que hay algo que arreglar, alguien a quien cambiar, algo que hacer para ser dignos. Creemos que no somos dignos de estar en casa con Dios. Nos sentimos desterrados, nos sentimos castigados, y aquí reside la *culpabilidad inconsciente* que nos mantiene en el mundo del espacio/tiempo. En nuestro inconsciente se cuece constantemente el llamado pecado original. Se nos recuerda que nacemos manchados de culpa, que tenemos que ser gratos a los ojos de Dios, que tenemos que adorarle, agasajarle, adularle, que nuestro sacrificio y nuestro sufrimiento es una de las mejores monedas para congratularle. Se nos dice que a Él le encanta que demos nuestra vida por Él, como si nuestra vida fuera nuestra, como si no procediera de Él.

No vemos que la Vida con mayúsculas es un don de la divinidad, un regalo para poder jugar y reír, para ser y experimentar la existencia.

Como consecuencia, nuestra creencia en la separación y en la culpabilidad ha creado al ego. Él se alimenta de este pensamiento erróneo y sabe que su existencia depende de que sigamos creyendo que estamos separados de la divinidad, de que sigamos negando nuestra divinidad. Para algunos es un sacrilegio decir que somos divinos, que somos hijos de Dios, pues viven en la culpabilidad y en la creencia en el castigo.

> "La espiritualidad transformadora, es decir, la auténtica espiritualidad, es revolucionaria. No legitima el mundo, sino que lo quiebra; no consuela al mundo, sino que lo destruye. Y no provee al yo de complacencia, sino que lo deshace."[5]

Cuando hay Comprensión, no hay ninguna posibilidad de un *yo* que pueda rendirse, liberarse o morir. Simplemente, no existe un *nosotros*.

Mientras nos agarremos al mito de que somos tú y yo, nosotros y ellos, el despertar es imposible. No habrá un auténtico despertar de la humanidad hasta que su conciencia exprese la Consciencia en el mundo.

Ahora mismo esto puede parecernos una tarea imposible. Pero me digo a mí mismo que no hay un yo que haga esta tarea. La Consciencia que se experimenta a través de este yo es la que hace todo el trabajo, por así decirlo. Por eso el *Evangelio* de Mateo, en 10:39, dice: "Solo aquel que pierda su vida la hallará".

La verdad es que no hay un hacedor, ni nada que hacer, solo existe un estado que podríamos llamar *haciendo.* Como diría David Carse: no hay experimentador ni experiencia, solo experimentando.

El estado de *despertar, de comprensión* te aleja del mundo, te aleja de aquello que hasta ahora creías ser, te aleja de ti mismo. Ya no hay una entidad separada. Sabes que vives un proceso de *haciendo,* donde en apariencia existen multitud de actores que te aplauden y otros que se oponen; vives experiencias de *crisis* —puntos de inflexión en griego— que te dirigen hacia una manera distinta de pensar y, como consecuencia, de actuar. Eres tú experimentándote a través de lo que llamas otros. Por eso, un día llegué a una conclusión que de momento me parece definitiva:

> "Nunca hables de los demás, del otro. Habla solamente de ti mismo con relación al otro. Así sabrás de ti mismo."[6]

Yo no me enfado con alguien, me enfado conmigo mismo gracias al que llamo *el otro.* Yo no veo la santidad en *el otro,* veo mi santidad en el otro. Yo solo puedo verme a mí mismo en el otro y, así como lo considere a él, me estaré considerando a mí mismo.

Tocar fondo y soltar

Un curso de milagros nos dice: "En la quietud, todas las cosas reciben respuesta y todo problema queda resuelto serenamente" (T-27.IV.1).

Aquietarse significa soltar el nivel secundario del pensamiento: las opiniones, los juicios, los comentarios. Ninguno de los pensamientos que el yo tiene son verdad; ninguna opinión que el yo tenga es correcta; ninguna idea que el yo tenga de tu identidad es la realidad.

Hay un momento en la vida en el que, sin saber cómo ni por qué, sabes que no puedes seguir así. Te dices que tiene que haber otra manera de vivir, de hacer las cosas. La vida pierde sentido o, mejor dicho, el sentido que *otros* me habían enseñado que tenía. Vivo en una locura colectiva, donde todos parecen luchar contra todos para conseguir *algo* y llamarlo *mío*. Siento que la Tierra, el lugar donde vivo, sufre; siento cómo busca constantemente su equilibrio, que es el equilibrio de todos. Tomo conciencia de cuán débiles son nuestros cuerpos, con los cuales nos identificamos; un ligero cambio de temperatura de unos pocos grados puede hacerme la vida insoportable.

El ego nos tiene atrapados en el hacer, nos convence de que sin él no se haría nada. Así, de esta manera, cada amanecer me levanto y tengo que hacer. En este hacer se conforma mi identidad, a la que llamo yo. Este yo con el que me identifico me empequeñece, me estoy olvidando del mí mismo, del auténtico Yo. Convierto mi vida en una lucha diaria que llamo sobrevivir. Sufro para no perder aquello que creo mío. Sufro por lo que les pueda suceder a aquellos que llamo míos. Esto me agota y mi cuerpo lo refleja: envejece y muere porque mi mente está enferma, atrapada en un yo —muy pequeño, por cierto— que me hace vivir la necesidad de un tú, de algo exterior a mí que me pueda hacer feliz y dar sentido a mi vida.

Estoy cansado, estoy agotado de mantener una especie de lucha sin fin. ¿Qué significado tiene todo esto? ¿Cuál es el para qué?

Un día leí: "La única vía a la libertad es la rendición". Al principio no comprendí. ¿Rendirse? ¿Rendirme a qué? ¿A no hacer nada? ¿Y entonces...?

Más tarde empecé a comprender. Dejo de empujar en una dirección; dejo de creer que yo soy el hacedor; dejo de querer cambiar; dejo de oponerme a los demás; dejo de querer que las cosas sean como a mí me gustarían que fueran; dejo de poner guiones a las personas que me rodean; dejo de querer cambiar el mundo; dejo de proyectar mi mapa metal en las cabezas de los demás.

Comprendí que la vida me llevaría a situaciones en las que a veces tendría que coger una espada y otras dar una flor y lo importante era ser consciente de con quién lo hacía: con el ego —siempre cargado de razón—, o con el Espíritu divino.

Comprendí que en este mundo hay quien vive para matar y quien vive para ser matado, y que ambos forman parte del mismo escenario. También comprendí que cada parte de este Todo llamado Consciencia se puede experimentar a sí misma de infinitas maneras, y tuve una revelación, una experiencia del Ser:

Lo que sigue se titula "Yo nací de una estrella" y está tomado del libro *Algo de sabiduría para el autoconocimiento*, uno de mis libros, que puedes encontrar en Google.

"Me vi surcando el espacio infinito como una chispa procedente de una estrella que emanaba de una luz Superior. Yo era consciente de mi esencia, yo sabía de dónde venía y hacia dónde iba, y mi aventura acababa de empezar. ¿Por qué? Me sabía hijo del Amor, sabía que mi aventura siempre tendría un final feliz, pero... ¿Cuánto durará? Eso, hermano... es el don que Dios te ha dado. De ti depende saber utilizarlo, por eso eres hijo de Quien eres. Él me lo ha dado todo.

TODO... me sumergí en una nube de energía y me fui condensando y condensando... hasta que me sentí piedra y soporté de grandes presiones. Quizás mi futuro, vete a saber... Pero después de un tiempo me hice más y más etéreo y era fuego, ese fuego que daba vida a los planetas, porque yo era la vida, yo formaba parte de este Todo.

¡Qué maravilla, oh agua! Soy todo fluir, todo matriz de vida, fluir de vida. Me sentí liviano, me sentí vivo. ¡Oh, gracias Dios, por hacerme sentir lo que soy y lo que quizás seré!

Mi ser reverdece y doy frutos. Y más tarde, flores. ¡Qué alegría! ¡Qué colores! ¡Qué dulzura! Me siento lirio, me siento rosa, me siento flor... ¡Qué bello que soy! ¡Gracias, Dios mío!

Pero un día perdí mi conciencia de unidad y me sentí solo. ¿Qué pasó? ¿Por qué esta soledad? Dios, ¿me has abandonado?... Mi vivir era duro; mi vida, una lucha, y yo no acertaba a comprender, pero seguí adelante, hasta ser un caballero de la Edad Media, hasta ser un labrador, una madre que criaba a sus muchos hijos, hasta luchar en mil batallas y morir en otras mil... Pero seguí sin saber, algo me empujaba. Entonces viví un tiempo al lado de una luz inmensa; era un hermano mayor, era Jesús. Yo toqué su manto y me transformé. Seguí adelante... pero era otro yo, algo más grande... Pero, al fin, ¡qué importa!... Mi aventura siguió, y amé y fui amado. Enseñé y aprendí. ¡Qué aventura tan maravillosa! Fui docto, fui ignorante, y en este proceso siempre estaba la mano de Dios... Es necesario estar en todo para comprender algún día este Todo. Padre, madre, erudito, doctor, clérigo yo fui, y mi aventura seguía a través de los tiempos, en el tiempo sin tiempo. Crecí y crecí, y me vi como parte de esta Unidad que un día me vio nacer. Comprendí lo que soy y adónde debo ir, y agradecí todo lo que pasé hasta llegar a ser lo que soy. Porque ahora se abre la puerta que da entrada a la Unidad, y la apertura está en función de tu Poder, poder de imaginar, poder de crear. No dudes, la duda. Es tu peor enemigo... Ten fe como un grano de mostaza... Dioses sois, o, mejor dicho, somos Dios en acción. ¿Te asusta?... No quiere el Padre lo mejor para sus hijos... Entonces, ¿qué piensas que Dios quiere para ti? Él nos dio la libertad, de nosotros depende que sea más o menos inmensa. Cómo la uses te hará feliz o desdichado, sea entonces tu libertad para el Amor y el resto.... ¡Oh!, ¿es que existe el resto?... De ti depende. Repito: no pongas límites, no limites tu felicidad, te pertenece como la vida misma... La llave se encuentra en tu corazón, ¡ábrelo!... Y no te sorprendas si ves una luz, ella siempre ha estado allí, esperando a que tú le dieras salida... Ilumina, ilumina y deja que el que quiera ser iluminado por ti, Dios Mismo, se acerque y pregunte... y dile que las respuestas están por siempre en su corazón. Que se ame, que se perdone, porque Dios es el Amor que está lejos de toda imaginación. De esta forma estarás iluminando al Ser... ¿Qué Ser? El tuyo, el mío, el de Todos, pues solo existe EL SER y su infinita manifestación."

Tenía cuarenta años cuando viví la experiencia que expresé con estas palabras, palabras que están muy lejos de la experiencia misma. Ahora la describiría empleando otras palabras y otro tiempo. Por eso la dualidad nunca podrá expresar la Unidad tal como Es.

Cuando tocas fondo, solamente queda una cosa por hacer: subir. Para ello, es necesario soltar, sobre todo soltar, dejar ir. Empiezo por mis juicios, mis creencias, mis valores. Suelto resentimientos, deseos de venganza, de obtener, de saber, de llegar, de ser algo o alguien.

El dolor es la clave de todo este proceso, pues nos ata al pasado y nos hace vivir un presente de resentimiento y enfermedad.

Como dijo la actriz Carrie Fisher: "Tener resentimientos es como tomar un vaso de veneno y esperar que se muera el otro". La confusión que tenemos entre la dicha y el dolor hace que creamos en el sacrificio como recurso para liberarnos del dolor. Como muy bien dice UCDM, tu sacrificio se convertirá en un amargo resentimiento; no puedes amar sin creer que para ello tienes que sufrir; no entiendes el amor sin sacrificio.

No hay nadie en este mundo que no crea que la mejor forma de liberase del dolor es el sentimiento de culpabilidad. La culpabilidad pide castigo, y cuando este se presenta en nuestra vida, muchas veces no comprendemos cuál es su causa. La respuesta siempre está en ti.

Suelto todo dolor, pues me mantiene atado a lo que llamo el pasado y me obliga a vivirlo en lo que yo creo que es el presente, y seguiré viviéndolo en otro tiempo que llamo el futuro. El tiempo se alimenta del dolor y de todo el resentimiento que lo acompaña. Como dice el *Curso*: "El tiempo está a la espera del perdón".

Tanto el dolor como el placer te atan al cuerpo mediante la creencia de que se te puede hacer daño. El ego busca el placer para huir del dolor, por eso ambos siempre van juntos, y lo que los une es la culpabilidad. Es más, hay una frase popular que resume perfectamente lo que quiero expresar: "Lo que es bueno —placer—, es pecado o engorda".

> "El perdón no es piedad, la cual no hace sino tratar de perdonar lo que cree que es verdad. No se puede devolver bondad por maldad, pues el perdón no establece primero que el pecado sea real para luego perdonarlo" (T-27.II.2:6-7).

Hay que soltar los sentimientos y emociones que alimentan a miles de pensamientos que intoxican nuestra mente. Cuando no podemos soportar más la presión de reprimir estos sentimientos y emociones, creamos una situación externa que nos dé la excusa para poder expresarlos. De esta manera, proyectamos todo nuestro dolor inconsciente en los demás y creemos que la causa está allí fuera. Un sentimiento puede crear, literalmente, miles de pensamientos a lo largo del tiempo. Si pudiéramos entregar la sensación de dolor subyacente, todos esos pensamientos desaparecerían al instante y nos olvidaríamos del suceso. Esta observación está en conformidad con la investigación científica. La teoría científica de Gray-LaViolette integra la psicología y la neurofisiología. Su investigación demostró que el tono de los sentimientos organiza los pensamientos y la memoria (Gray-LaViolette, 1981). Los pensamientos son archivados en nuestro banco de memoria de acuerdo con los diferentes matices de sentimiento asociados a ellos. Por lo tanto, cuando renunciamos o soltamos un sentimiento, nos estamos liberando de todos los pensamientos asociados.[7]

En este proceso de soltar, de dejar ir, sentimos nuestro dolor, nuestras emociones, y las observamos. Buscamos qué hay detrás. Somos observadores del proceso, no nos identificamos con él. Sabemos que las emociones son el resultado de experiencias acumuladas. Detrás de todo dolor, hay culpabilidad y hay unos programas inconscientes que quieren ser liberados. También hay un sinfín de juicios y, al no poder soportarlos, los proyectamos constantemente en los demás, en los otros, olvidándonos de que ellos nos hacen de espejo para que podamos ver esta cara oculta de nuestra personalidad.

"Cualquier forma de ataque es igualmente destructiva. Su propósito es siempre el mismo. Su única intención es asesinar... Si la intención del ataque es la muerte, ¿qué importa qué forma adopte?" (T-23.III.1:3-5;9).

Un curso de milagros nos enseña muy bien este proceso de soltar en el apartado "Por encima del campo de batalla", que dice:

"No se te pide que luches contra tu deseo de asesinar. Pero sí se te pide que te des cuenta de que las formas que dicho deseo adopta encubren al intención del mismo" (T-23.IV.1:7-8).

"Cuando la tentación de atacar se presente para nublar tu mente y volverla asesina, recuerda que puedes ver la batalla desde más arriba. Incluso cuando se presenta en formas que no reconoces, conoces las señales: una punzada de dolor, un ápice de culpabilidad, pero, sobre todo, la pérdida de paz" (T-23.IV.6:1-3).

Cuando por fin comprendo que lo que repudio en el otro está en mí, entonces es cuando el camino de la iluminación se abre frente a mis ojos. No hay un yo y un tú, solamente existe el Yo en una infinidad de yoes, que son como pequeñas partes de un Todo indiviso. Es absurdo que mi dedo pulgar se pelee con mi dedo meñique. Si lo hacen es porque no tienen conciencia de que, como mínimo, pertenecen a una mano, y esta a un cuerpo, y que el cuerpo es el vehículo de manifestación de miles de programas que se hallan en mi inconsciente y que condicionan mi experiencia en este mundo.

La persona con una gran cantidad de dolor reprimido crea inconscientemente acontecimientos tristes en su vida. La persona miedosa precipita experiencias aterradoras, la persona enfadada se rodea de circunstancias indignantes y la persona orgullosa está constantemente siendo insultada. Como dijo Jesucristo: "¿Por qué ves la paja que está en el ojo de tu hermano, y no sientes la viga que está en tu propio ojo? (Mateo 7:3)". Todos los Grandes Maestros señalan a nuestro *interior*.

En el universo todo emite una vibración. Cuanto más elevada sea, más poder tiene. Como son energía, las emociones también emiten vibraciones. Estas vibraciones emocionales impactan en los campos de energía corporales y revelan efectos que se pueden ver, sentir y medir.[8] Por eso, el *Curso* nos dice: "El que perdona se cura" (T-27.II.3:10). Y también: "Alegrémonos de que ves aquello que crees, y de que se te haya concedido poder cambiar tus creencias. El cuerpo simplemente te seguirá" (T-31.III.6:1-2).

A continuación, y para terminar este capítulo, voy a incluir el apartado "El mecanismo de dejar ir", que el doctor David R. Hawkins expone en su libro *Dejar Ir,* del cual escribí el prólogo.

"Dejar ir implica ser consciente de un sentimiento, dejarlo crecer, permanecer en él, y dejar que siga su curso sin querer que sea diferente ni hacer nada con relación a él. Significa simplemente dejar que el sentimiento esté ahí y centrarse en dejar correr la energía que tiene detrás. El primer paso es permitirte sentir la sensación sin resistirte a ella, sin expresarla, temerla, condenarla, ni aplicarle un juicio moral. Significa abandonar el juicio y ver que solo es una sensación. La técnica consiste en estar con la sensación y entregar cualquier intento de modificarla. Soltamos la resistencia a ella. Es la resistencia la que alimenta la sensación. Cuando dejas de resistirte o de intentar modificar la sensación, pasas al próximo sentimiento, que vendrá acompañado por una sensación más llevadera. Una sensación a la que no te resistas desaparecerá a medida que se disipe la energía que la sustenta.

Al comenzar el proceso, te darás cuenta de que sientes miedo y culpa por tener ciertos sentimientos; en general, habrá resistencias a sentirlos. Es más fácil permitir que surjan los sentimientos si primero dejamos la reacción a tenerlos. El miedo al propio miedo es un claro ejemplo de esto. Suelta el miedo o la culpa que tienes con respecto a la primera sensación, y a continuación entra en el sentimiento en sí.

Cuando estés dejando ir, ignora todo pensamiento. Céntrate en la sensación, no en los pensamientos. Los pensamientos son interminables, se refuerzan entre ellos y solo engendran más pensamientos. Los pensamientos no son más que racionalizaciones de la mente para tratar de explicar la presencia de la sensación. La verdadera razón de ser de la sensación es la presión acumulada tras ella, que la fuerza a salir en este momento. Los pensamientos o acontecimientos externos son solo una excusa inventada por la mente.

A medida que nos familiaricemos más con el proceso de dejar ir, nos daremos cuenta de que todo sentimiento negativo está asociado a nuestro miedo básico relacionado con la supervivencia, y que todos los sentimientos no son más que programas de supervivencia que la mente cree necesarios. La técnica de dejar ir deshace los programas progresivamente. A través de ese proceso, el motivo subyacente bajo los sentimientos se hace más y más evidente.

Estar entregado significa no tener emociones intensas con respecto a algo: 'Está bien si pasa y está bien si no pasa'. Cuando somos libres, hay una entrega de los apegos. Podemos disfrutar de una cosa, pero no la necesitamos para nuestra felicidad. Hay una progresiva disminución de la dependencia de todos y de todo lo que está fuera de nosotros mismos. Estos principios están de acuerdo con las enseñanzas básicas del Buda de evitar el apego a los fenómenos mundanos, y también a la enseñanza básica de Jesucristo de 'estar en el mundo pero no ser del mundo'.

A veces entregamos un sentimiento y nos damos cuenta de que retorna o continúa. Esto se debe a que todavía hay más de él para entregar. Hemos llenado nuestras vidas con todos esos sentimientos y puede haber una gran cantidad de energía reprimida que necesite salir y ser reconocida. Cuando se produce la entrega, hay un alivio inmediato, y una mayor sensación de felicidad, casi como un 'subidón'.

Gracias, hermano, por hacerme de espejo, por mostrarme mi cara oculta. Ahora sé que no existe un yo sin un tú, ni un tú sin un yo. Vivimos en la ilusión de la separación y nos proyectamos mutuamente nuestras culpabilidades inconscientes, nuestros miedos, nuestros juicios, nuestras inquietudes. Tengo impulsos de corregirte, de querer cambiarte, porque me molesta lo que haces, cómo vives, cómo vistes y, sobre todo, cómo piensas. Ahora sé que todo lo que veo en ti es mi proyección, sobre todo lo que me gusta y lo que me disgusta. Te bendigo porque solamente puedo bendecirme a mí mismo y, gracias a ti, lo puedo hacer con plena conciencia.

En este mundo dual, en este mundo de ilusión, todo tiene su opuesto, su complementario, y ambos se buscan, se encuentran y se experimentan. En este mundo, todo tiene su polaridad, todo busca su estabilidad, su equilibrio. Por eso solamente puedes encontrarte a ti mismo en esa parte de ti mismo a la que llamas el otro, a la que llamas tú. Ahora ya sé que para sanar tengo que amar mi oscuridad, y gracias a ti puedo reconocerla y transformarla. Ella está encadenada a la culpabilidad inconsciente, y puedo romper las cadenas. Ahora ya sé que la causa de todo soy yo. No hay un tú que pueda hacerme daño o que pueda amarme. Todo lo que me sucede es lo que debe sucederme para que pueda tomar conciencia de quién soy realmente.

Cuando digo la palabra "tú",
digo cientos de universos.[9]

Reflexión

Hay que diferenciar entre dolor y sufrimiento. Muchas veces se confunden ambos términos. Algunos utilizan el sufrimiento para experimentar dolor y así convencer a los demás de que esta es su manera de expresar amor. No se concibe el amor sin sufrimiento; esto es una estratagema del ego para hacer que el otro se sienta culpable. Es una forma de dominar y controlar la voluntad ajena. ¡¡Cuántas veces habré oído de algunos de mis clientes la frase lapidaria: "Si me dejas me suicido"!!

En muchas ocasiones, el dolor es puramente físico. Todos podemos experimentarlo y así lo hemos hecho en más de una ocasión. Sufrir dolor siempre implica resistencia: resistencia a cambiar, resistencia a dejar de pensar que tenemos razón, resistencia a soltar viejos rencores y viejas razones. En este caso, el dolor que persiste en una herida, en un trauma, es pura resistencia, se le llama "dolor emocional".

Cuando algo no deja de doler, debemos indagar y preguntarnos: "¿Qué no estoy soltando? ¿Qué no estoy perdonando?".

El Tú está nervioso:

—¡Uf! Entonces, ¿qué es ser espiritual? Ya sé que has hablado de ello, pero insisto.

—Consiste sencillamente en el desarrollo de la conciencia. Tal como he expuesto y seguiré exponiendo más adelante, hay que evitar todo posicionamiento. Hay que tener una visión de globalidad, salir de la parcialidad, de buscar la razón de lo que ocurre. Hay que trascender la causalidad que vive en nuestro intelecto, en la mente lineal —responde el Yo.

—Vale, vale, espera un momento. ¿Y los opuestos? ¿Lo que me molesta día sí y día también?

—Cuando tu mente no se posiciona, ocurre algo maravilloso, los opuestos se ven como lo que realmente son: una ilusión. Cuando trascendemos los opuestos, nuestra conciencia cambia y se eleva a otros niveles superiores, y con ello desarrollamos nuestra espiritualidad, que por cierto siempre está presente en nosotros como pluri-potencialidad.

CAPÍTULO 4
MEJORAR EL SUEÑO

Introducción

"En los sueños eres tú quien determina todo. Los personajes se convierten en lo que tú quieres que sean y hacen lo que tú les ordenas". "Los sueños son desahogos emocionales en el nivel de la percepción en los que literalmente profieres a gritos: ¡Quiero que las cosas sean así!"(T-18.II.3:4-5/4:1)

La acción es un aspecto fundamental en el mundo de la ilusión, en el que estamos actuando constantemente para cambiar aquellas cosas que no nos gustan, y si es posible cambiar a las personas y las ideas que no concuerdan con la ortodoxia del momento. Es un mundo de conflictos permanentes, un mundo caótico, un mundo lleno de deseos divergentes luchando para ver cuál domina.

Aspiramos a vivir en este mundo lo más cómodamente posible. Para ello, indagamos en la mente y analizamos las situaciones. De esta manera intentamos buscar a nivel mental las causas de nuestros problemas, que se reflejan en nuestras relaciones diarias. Lo que me mantiene atrapado en el sueño es la disonancia entre las cosas que yo creo placenteras y las que creo dolorosas. En el sueño, lo único que puedo hacer es lograr que ciertas partes del mismo sean menos desagradables. Asisto a seminarios para mejorar mis relaciones, mis habilidades, mis capacidades. Practico técnicas para mejorar el control mental; viajo para ampliar mis horizontes; busco y sigo buscando. La última moda es ser un buscador espiritual. Este es un mundo que se alimenta del *hacer;* hay que hacer algo y hay que hacerlo constantemente. Es un mundo de insatisfacción, en él nunca hay bastante.

"Mas lo que tiene lugar en sueños no tiene lugar realmente. Es imposible convencer al que sueña de que esto es así, pues los sueños son lo que son debido a la ilusión de que son reales" (T-17.I.1:5-6).

"Tú deseo de cambiar la realidad es, por lo tanto, lo único que es temible, pues al desear que la realidad cambie crees que tu deseo se ha cumplido" (T-17.I.2:1).

Estoy proyectando constantemente mis fantasías en lo que yo pienso que es el mundo *real*. Mi propósito es que este se adapte a mis deseos, a mis anhelos, creyendo que si lo consigo seré feliz. Si no lo consigo, entonces me deprimo, y muestro mi descontento con el propósito oculto de hacer que los demás se sientan culpables; así pretendo manipularlos.

Esta pérdida de paz, esta lucha constante para resolver mis problemas del modo que a mí me place mina mi mente y mi cuerpo, que manifiestan enfermedades y síntomas cuyo origen no alcanzo a comprender. En ningún momento pienso que la causa de dichos síntomas esté en mí, en mi desasosiego y en mi lucha para cambiar lo que no me gusta.

En este apartado pretendo llevar mi conciencia a un estado de madurez mental, pretendo dar un primer paso para alcanzar la comprensión de que siempre estoy frente a mí mismo, atrayendo las circunstancias y las relaciones que vibran con mi manera de ver y de pensar. Como vivo en un mundo dual, un mundo de opuestos, cuanto mayor es mi interés en que las cosas sean de una manera, más alimento todo lo opuesto y complementario.

Debo utilizar el sueño como un *recurso* para ver y comprender cómo opera mi mente. De esta manera, conseguiré hacerme más consciente y empezaré a transformar mi sueño.

UCDM me inspira cuando leo: "Dije antes que el primer cambio que tiene que producirse antes de que los sueños desaparezcan es que tus sueños de miedo se conviertan en sueños felices" (T-18.II.6:3).

Que quede claro que por mí mismo no puedo ir más allá del sueño. Lo máximo que puedo hacer es transformarlo y convertirlo en un sueño feliz.

No está al alcance de la conciencia ir a parte alguna. La conciencia está y se identifica con el personaje que creemos ser y pertenece totalmente al ámbito del sueño. Por mucho que en el sueño aumente mi nivel de conciencia, porque cada vez esté expresando más nivel de Consciencia, se hace imprescindible la total desidentificación de mi concepto del yo. Explico esto en mi exposición de la *Ecuación Emocional Fundamental,* que viene al final de este libro como colofón.

¡¡Vamos a mejorar nuestro sueño!! Que nuestras relaciones sean para la felicidad y no para el dolor y el sufrimiento.

Relaciones especiales - La resonancia

Voy a entrar en un terreno resbaladizo y pantanoso. Lo digo porque cuando hablamos de relaciones, y concretamente de aquellas donde los lazos emocionales y sentimentales están más reforzados, parece que la injerencia en la vida de los demás no tiene límites. Existe una especie de acuerdo tácito por el que se nos permite opinar sobre las decisiones que tome cualquier miembro de la familia, sobre todo si dicha decisión no es acorde con el pensamiento global del grupo familiar.

Entraré en este terreno resbaladizo desde la visión del *Curso.* En él se nos enseña a utilizar las relaciones especiales de tal manera que no sean causa de dolor ni de sufrimiento. Para ello, el *Curso* nos propone utilizar la relación especial como un medio para erradicar la culpabilidad. Hemos de tomar conciencia de que el otro no está allí por casualidad ni por azar; está allí sosteniendo el espejo para que yo pueda ver lo que no podría ver sin él. Así podré seguir teniendo una relación especial que no sea una fuente de dolor o de culpabilidad.

Para que mis sueños sean felices, para que mis relaciones sean de dicha y liberación, lo primero que debo hacer es no imponer papeles en los demás. Dejar de querer que el otro se comporte de una manera que me satisfaga. No voy a hacer cosas para manipularle y hacer que se sienta culpable proyectando en él mis necesidades inconscientes. Hay que mantenerse alerta, observar qué es lo que me molesta y lo que me gusta del otro, y preguntarme para qué estoy relacionándome con él.

Vamos a hablar de las relaciones especiales, de las de las madres con sus hijos —sobre todo hijos varones— y de las relaciones de pareja, que conllevan multitud de opiniones y de desencuentros. El problema es que se toman desde la dualidad, desde el punto de vista de que tú me puedes dar aquello que creo que me falta, y además yo procuraré darte aquello que pienso que te hace falta. Las relaciones de pareja dan para escribir una enciclopedia, sobre todo si se hace desde este punto dual; tú y yo no somos uno, somos pareja.

Si entramos en la relación madre/hijo, las sensibilidades aumentan y los escozores también. Para muchas sociedades, las madres parecen ser unos seres intocables, y ellas manipulan con mucho cariño, y muchas veces de forma inconsciente, las relaciones entre los demás miembros del clan. El rol de madre es uno de los más importantes en la naturaleza. En todos los animales, desde los reptiles hasta los mamíferos, las madres saben lo que tienen que hacer y cómo comportarse. Otro cantar es con las madres humanas. Esto es obvio porque la conciencia de ser y de estar es muchísimo más amplia que en el resto de las madres biológicas en general. Aquí expongo los excesos y los conflictos más comunes que he visto, procurando aplicar esta visión integral y holística para sanarlos y encontrar un estado de paz y bienestar.

Aquí no contemplaremos las relaciones interpersonales desde un punto de vista dual, sino holístico; desde una visión cuántica de la realidad.

Una de las formas de comunicarse desde la visión cuántica es a través de la *resonancia*. Para comprender qué es la resonancia hay que partir de la idea de que todo está unido, y esta unión se produce a través de las partículas cuánticas que conforman el tejido que lo sustenta todo. "Nuestros cuerpos interactúan con el universo". "La verdad está en Todo".[1] El doctor, oncólogo e investigador Boukaram, nos dice:

- Las emociones y los pensamientos generan ondas que pueden materializarse en el mundo físico.
- El ADN de las células se adapta al entorno (bioquímico, social, ambiental, emocional, electromagnético).
- Entrelazamiento cuántico. Nuestros componentes más pequeños se comunican entre sí y, al mismo tiempo, con el resto del universo.
- *La resonancia* es un medio de comunicación instantáneo. Transmitimos nuestros pensamientos por este método a las células. Las características determinantes que nos predisponen al cáncer son la desesperación y la represión de las emociones. Gestionar las emociones puede ser una de las soluciones.

Querido lector y querida lectora: nos relacionamos con nosotros mismos a través de los demás; así es el mundo dual. Como la separación no es posible —o mejor dicho, no es real—, resonamos con todos, desde el que está frente a nosotros hasta los más íntimos y los que vemos diariamente, por ejemplo, en el trabajo.

Mis años de experiencia, que empiezan a ser unos cuantos, me han enseñado y me han llevado a desarrollar este pensamiento cuántico, esta mente cuántica, para comprender que todos estamos donde debemos estar. Nos relacionamos con nosotros mismos en función del grado de desarrollo de nuestra conciencia.

En mi libro *La visión cuántica del transgeneracional* expongo las distintas relaciones con sus complejos, que se complementan mutuamente. En el estudio del árbol genealógico es normal ver que un hijo con el síndrome de *hijitis* —absorbido por su madre, con características de inmadurez emocional— se une en matrimonio con una hija con *mamitis* —hijas que han carecido del afecto de sus madres y también con inmadurez emocional—, buscándose mutuamente para complementar sus programas inconscientes. El marido busca más una madre que una esposa y la mujer busca más un hijo que un marido. Estas relaciones acostumbran a estar intoxicadas por la madre del marido, y este prioriza inconscientemente estar con su madre en lugar de estar con su mujer. Por su parte, la esposa ve a su suegra como una rival —no nos olvidemos de que la madre del esposo también tiene *mamitis,* como su esposa— y esto provoca muchos problemas entre la pareja.

En esta exposición ya muestro dos relaciones interpersonales que son clave en las relaciones humanas en general, pues todas tienen su origen en este punto en común. Las relaciones entre madres e hijos se derivan a su vez de la relación entre los padres, de la relación de pareja. Es la pescadilla que se muerde la cola.

Esta visión me permite hallar los programas parásitos, tóxicos, que hacen que las relaciones no sean estables. Los programas se repiten de generación en generación y la información nunca se pierde. Su objetivo es que alguien tome conciencia y la transforme en una información de índole espiritual más elevada.

Cuando el esposo toma conciencia de que en realidad se ha casado con su madre —obviamente de manera inconsciente—, descubre a otra mujer; entonces cambia su percepción y su relación con ella. Cuando la esposa toma conciencia de que se ha casado con su padre —ya que ese es el programa que ha heredado de su madre, que le ha transmitido el problema del marido ausente—, cambia su percepción y descubre a su auténtico marido. Ahora ambos tienen la oportunidad de rehacer su relación y de dar un nuevo sentido a sus vidas; ya no se sienten víctimas ni se culpabilizan. Esta relación ha sanado, y quizás tome otro rumbo con otras personas, otras parejas. Esto es lo menos importante, lo realmente satisfactorio es que ambos empiezan una nueva vida sin ningún tipo de resentimiento, y con el agradecimiento de que han podido ver su cara oculta, su programa oculto, en el otro. Una vez más, no existe un yo y un tú; existe un yo viéndose a sí mismo en el otro.

Esta es la grandeza de la visión cuántica de toda relación. Nos lleva a un estado de comprensión mucho más elevado, en el que tomamos conciencia de que en realidad no sabíamos por qué nos habíamos unido a esa persona. Ahora sabemos que era por resonancia, por la necesidad de reequilibrar estos programas inconscientes que nos hacían vivir relaciones tóxicas, inestables, llenas de dolor, resentimiento e incomprensión, que en muchos casos pueden acabar produciendo conductas violentas.

La violencia de género

En cuanto a la violencia de género, estamos ante una lacra social. Hay mucha incomprensión, mucho victimismo, mucha culpabilidad, mucha violencia. Todos nos hemos preguntado alguna vez: "¿Cómo es posible que esta mujer siga con este hombre que la maltrata día sí y día también?".

Si le preguntamos a ella, muchas veces nos responde: "Es que lo quiero mucho". En mi experiencia como psicólogo y especialista en Bioneuroemoción, he comprobado que algunas de estas mujeres llegan a justificar el maltrato y hasta la violencia sexual. ¿Cómo es posible esto?

Si queremos una respuesta desde la dualidad, muy probablemente buscaremos a un buen psiquiatra o psicólogo para que encuentre las causas de esta desarmonía en la mente de su paciente.

Desde una visión cuántica, buscaremos estos programas en el árbol genealógico con la esperanza de que nuestro consultante alcance un estado de comprensión que lo libere de la culpabilidad inconsciente. Esta comprensión puede llevarle a darse cuenta de que está buscando en su pareja el cariño de mamá o de papá, repitiendo patrones de sus ancestros. Esto le permite soltar resentimientos y emociones, y con ello dar un cambio radical a la percepción de su vida.

Este cambio radical de la percepción, fruto de esta toma de conciencia, modifica la información, y esto se refleja en el cuerpo y en nuestras relaciones. La relación sana. Surgen nuevas opciones, nuevas oportunidades y todo vuelve a empezar de cero. Te liberas, liberas la información del árbol y liberas a tus descendientes de repetir estos programas. Esta es la propuesta que llevo a todas las personas que quieran escucharme y experimentarla en sus vidas. La culpabilidad está ausente porque uno comprende que la elección se ha realizado desde el inconsciente. Aquel hormigueo que sentías en el estómago y que llamaste enamoramiento era simplemente la resonancia entre unos programas que se encuentran y se complementan.

No me estoy cargando el romanticismo —antes pensaba que sí—, lo estoy haciendo más consciente. Ahora puedo saborear el cosquilleo en el estómago sabiendo que estoy frente a alguien que me complementa para alcanzar niveles más altos de libertad y amor.

Muchísimas veces este amor empieza por el respeto a una misma, a uno mismo. La violencia que el otro ejerce sobre mí es la violencia que yo me ejerzo sobre mí mismo a través del otro.

Varias veces en mi consulta he tenido a mujeres casadas con policías que eran maltratadas por ellos. Esto es rizar un poco más el rizo. Por eso digo, a fuerza de ser políticamente incorrecto, que la diferencia entre un ladrón y un policía es una cuestión de matices. Al final, ambos tienen que pensar de la misma manera para poder encontrarse, para poder relacionarse. Si los miro desde un punto de vista dual, estoy loco; si los miro desde un punto de vista cuántico, veo que todo se complementa. Repito una vez más: no hay un yo y un tú, hay un yo relacionándose consigo mismo a través de otro yo, al que llamo tú, como si fuera un ente separado de mí.

Recientemente, en uno de mis cursos, tuve otro caso de violencia de género. La persona en cuestión era una mujer policía. Durante el curso, ella confesó públicamente que su trabajo estaba relacionado precisamente con la violencia de género, y explicó que ella la sufría en su hogar. Curioso, ¿verdad? Una mujer policía cuya área de acción es la misma violencia que ella está viviendo. La Bioneuroemoción —mediante el estudio de los programas inconscientes y de cómo se proyectan en nuestras relaciones— le llevó a tomar conciencia, a liberarse del victimismo y a comprender que ambos son víctimas y victimarios. Este proceso le llevó a sanarse; ahora su visión es muy diferente y puede contemplar los casos que se le presentan en su trabajo libre de juicios. Esto no quiere decir que no tenga que llevar a cabo las acciones legales que sean necesarias en su situación. Ahora las hace con plena conciencia, dando "al César lo que es del César y a Dios lo que es de Dios".

En su libro *El ojo del yo*[2], el doctor David R. Hawkins nos dice que la causa solo existe como un producto mental de la imaginación, que se puede evocar y elaborar a conveniencia de uno. Pero, cuando se llevan las cosas al extremo, los conceptos de víctima y verdugo se entremezclan. Analizando las situaciones en profundidad, podemos ver que la decisión de quién es el verdugo y quién la víctima es, en realidad, un posicionamiento que seleccionamos de forma arbitraria. La víctima seduce al verdugo para que actúe siguiendo la respuesta depredador/presa.

Yo explico todo esto desde una visión cuántica de la realidad, desde una visión holística en la que cada uno atrae a su vida situaciones y personas que resuenan con sus programas inconscientes. De hecho, en nuestras relaciones *resonamos,* y nuestro inconsciente, lleno de victimismo, atrae al verdugo para tener esa experiencia. La enseñanza está en comprender la polaridad y trascenderla. La falta de respeto que recibes es la falta de respeto que no tienes hacia ti mismo.

Por eso, como suelo decir: "Cambia tus circunstancias y te cambiará la vida, pero no cambies de circunstancias para cambiar tu vida". Esto se debe entender como: no cambies tus circunstancias para conseguir algo. Actúa y deja que la vida manifieste el cambio. Por descontado, este cambio de circunstancias va precedido de un cambio de pensamientos, sentimientos y emociones. La coherencia emocional te libera de la dualidad, del yo y del tú, y así empiezas a vivir con la responsabilidad de que todo es Yo.

Todo en el universo es polar. La química me enseñó que los elementos de la tabla periódica se complementan para formar compuestos más estables. Asimismo, las personas —con sus condicionamientos, con sus programas inconscientes heredados de sus ancestros— buscan desesperadamente complementarse para encontrar la estabilidad emocional que las generaciones anteriores no han podido vivir, en especial algunos de sus miembros, como mujeres obligadas a casarse por intereses económicos, hombres ausentes con relaciones extramatrimoniales, que incluso tienen hijos de otras mujeres, hijos no deseados, mujeres violadas, sometidas por sus parejas, hombres manipulados por sus madres y/o por sus parejas, hijos ilegítimos, incestos, multitud de silencios y de cosas no dichas que acaban expresándose en las vidas de los miembros del clan.

Está escrito: "Y los pecados de los padres se heredarán hasta la tercera y la cuarta generación". Estas no son palabras dichas a voleo ni para hacer bonito. Son palabras llenas de sentido, de sabiduría, para que las generaciones que tengan la capacidad de leer entre líneas puedan llevar luz a tanta oscuridad y cerrazón mental.

La sociedad grita frente a las muertes de mujeres a manos de sus parejas, esposos o ex-maridos. No le falta razón. Es algo incomprensible, como también es incomprensible que estas mujeres no denuncien los malos tratos. Recuerdo el caso de una pareja: el juez dictaminó que se mantuvieran a distancia. El distanciamiento terminó cuando ella fue a buscarle a él, y todo terminó con la muerte de ella.

Perdón por el resumen tan simplista, pero es que no da para más. Son historias que he visto en mi consulta y les he llegado a decir: "Si no terminas esta relación, saldrás en la portada de los periódicos".

En una relación donde la violencia campa a sus anchas, lo primero —por salud— es la separación, y después los tratamientos que hagan falta. Mi aportación es la expuesta anteriormente: llevar a mi cliente a un estado de comprensión que le permita soltar resentimientos, emociones reprimidas y programas tóxicos. Liberarse y liberar, desde la paz interior, desde el desarrollo del amor hacia uno mismo, desde la comprensión de que lo que quería era llenar mi vacío emocional a expensas del otro.

Cuando te maltratan y dices "Es que lo quiero mucho", me estás diciendo lo mucho que no te quieres.

La relación madre/hijo

¡¡Con la iglesia hemos topado!! Este es un punto clave por las consecuencias que conlleva en las relaciones posteriores que estos hijos puedan llegar a tener. Es el *quid* de la cuestión, *la madre del cordero,* lo más sagrado; es la llave que abre todas las puertas. El rol materno quizás sea el más complejo que la humanidad ha desarrollado. Es el rol donde la Consciencia se expresa con el máximo celo. Solo tenemos que mirar el reino animal y la dedicación con que las madres de cualquier especie cuidan de su prole. Como son seres con poca o ninguna conciencia, saben soltar este rol en su debido momento, cosa que no ocurre con las madres humanas.

Un día oí esta frase lapidaria: "Si fuera por mí, cogería a mi hijo y lo encerraría en un armario lleno de algodón para que nada malo le sucediera". Sin comentarios.

El escenario más común que he visto en mi consulta es el siguiente:

- Marido ausente por trabajo, porque está fallecido, porque siempre está con señoritas o porque está en casa pero es como si no estuviera. Todo esto no importa para el inconsciente; para él, el marido simplemente no está.
- El matrimonio tiene un hijo varón. Como el marido y padre no está, la madre proyecta inconscientemente en su hijo el rol de macho alfa. Su inconsciente escoge a su hijo como pareja. Aquí tenemos la semilla de lo que se ha dado en llamar el complejo de Edipo.
- Hijo encuentra esposa. Obviamente, por lo explicado anteriormente, esta es el complemento perfecto de su pareja. Surge la rivalidad madre/esposa. El inconsciente del hijo tiene a su madre como hembra alfa y a su esposa como hembra beta. Aquí empiezan los problemas de pareja, que pueden llegar a ser muy graves. Este no es el libro adecuado para profundizar en el asunto y el lector interesado puede buscar en los textos de Bioneuroemoción.

Otro escenario también muy común:

- El hijo o la hija están muy sobreprotegidos por su madre. Esta vuelca en ellos el afecto que no está presente en la relación con su esposo. Se queja de que el marido no ejerce de padre; ella no es consciente de que bloquea este rol de su marido con su exceso.
- Hijos muy inmaduros emocionalmente. He visto que muchos de ellos tienen problemas con todo tipo de

adicciones. La más grave es la adicción emocional, la dependencia excesiva de recibir afecto de otro. Y como el otro está en la misma tesitura, aunque en la versión complementaria, solo hay dolor y desesperación.

Varios ejemplos dramáticos que hemos visto en mis consultas grupales:

- Varón de 50 años con una fobia tremenda a salir de casa. Cuenta que vive con su madre, incluso duerme con ella.
- Hombre de mediana edad, de unos 35 años, que no consigue tener una relación duradera con una pareja. Motivo: su madre interfiere constantemente en su relación de pareja.
- Mujer de unos 30 años no consigue que ninguna de sus relaciones llegue a buen puerto. Motivo: para su madre ningún hombre es digno de ella.
- Hombre con problemas con el alcohol, con una madre sobreprotectora, se ve incapaz de responsabilizarse de nada en la vida.
- Mujer con los mismos problemas del caso anterior. Ambos coincidieron en la misma consulta grupal. Ambos expresaron lo mismo con relación a sus madres, sumamente controladoras y posesivas. Ellos, al menos, eran conscientes y pudieron tratar sus problemas. Hay muchos que no son capaces de lograrlo.
- En todos los casos, por diversos motivos, las madres están casadas con un marido ausente. A su vez, son hijas cuyas madres vivieron el mismo problema de soledad y ausencia de pareja. La historia se repite una y otra vez.

Conclusión:

- No hay culpables, no hay víctimas ni victimarios. En todos los casos hay una gran carencia emocional y afectiva. Sea por exceso o por defecto, el problema es el mismo. "Hay amores que matan", dice el refrán.
- Los programas se heredan de padres a hijos, y estos a su vez los transmiten a su descendencia. Es necesario tomar conciencia, cambiar programas, pasar a la acción. Acción plena de sentido, libre de resentimientos, libre de culpa. Acción llena de amor hacia uno mismo, porque solamente existe el yo.
- En todos los casos, cada uno de los *actores* que están en el teatro de la vida tiene su papel, que se complementa con el papel del otro. No hay un yo sin un tú, no hay un tú sin un yo. Lo único que existe es un yo relacionándose consigo mismo a través de sí mismo, por medio de otro llamado tú. Así es el mundo dual, así se expresa la Unidad en la pluralidad.

El doctor David R. Hawkins hace algunas reflexiones sobre la violencia:

- "Nadie vence en ningún conflicto, porque el que se cree vencedor tiene como consecuencia el odio del perdedor".
- "Evita hacer comentarios constantemente, pues así evitas crearte enemigos y adversarios, lo cual te impediría llevar una vida más tranquila".
- "La mayoría de las veces, la violencia doméstica se basa en una respuesta física a una provocación ver-

bal. Sin embargo, en nuestra sociedad, las víctimas rara vez asumen su responsabilidad por la provocación, la tentación o el insulto proferido".

- "Para el progreso espiritual conviene aceptar siempre la responsabilidad por todo lo que le acontece a uno y evitar la trampa de ir de víctima. Nada en el mundo de las apariencias tiene la facultad de ser causa de ninguna otra cosa".

- "El amor no es algo que uno consigue; hay que merecerlo, y cuanto más se da, más se tiene".[3]

- "Muchas veces observamos que las personas disfrutan y son adictas a los melodramas de sus vidas. Seremos conscientes de esto cuando practiquemos el desapego".

Relación con nuestro cuerpo/mente

Si estás en un cuerpo y tienes una mente es porque, de alguna manera, tu espíritu así lo ha decidido. Por consiguiente, no tiene mucho sentido renunciar a tu cuerpo y no saber utilizar tu mente.

Se me antoja fundamental aprender a relacionarnos con nuestro cuerpo/mente para poder vivir en este mundo dual con relativa paz de espíritu y mantener una salud notable en ambos.

Hay que tener plena conciencia de que en la Consciencia no cabe el error, y el único que podemos cometer es identificarnos con nuestro cuerpo y con nuestra mente como si solamente fuéramos *eso.*

Nuestro cuerpo y nuestra mente son unos instrumentos fantásticos. Vendrían a ser como unas escafandras, unos trajes espaciales, para que el ser humano pueda moverse en un ambiente determinado.

Tu mente y tu cuerpo forman parte de este todo; son tu propia creación. El cuerpo tiene muy pocas necesidades y, de hecho, está sometido a la mente y a todo el sistema de emociones que esta expresa. En el mundo en el que vivimos, nuestra mente debe estar consciente, ser una mente omniabarcante, mientras que la mente conciente* es la que se debe centrar, identificar y posicionarse frente a lo que percibe. Cuando unimos nuestra mente Consciente con la conciente, entonces estamos relacionándonos con nosotros mismos y con todos al unísono. Esta debe ser la relación con nuestro cuerpo/mente.[4]

Cuando este estado se establece con plena conciencia, se manifiesta la auténtica importancia de este cuerpo/mente, cuyo fin es *la comunicación*. De esta manera, el cuerpo/mente se convierte en un medio para transmitir información y compartir conciencia. Nos ayudará a Todos a tener un posicionamiento que trascienda la dualidad.

"Recuerda que, para el Espíritu Santo, el cuerpo es únicamente un medio de comunicación" (T-8.VII.2:1).

"El ego separa mediante el cuerpo. El Espíritu Santo llega a otros a través de él" (T-8.VII.2:3-4).

"Ver un cuerpo de cualquier otra forma que no sea como un medio de comunicación es limitar tu mente y hacerte daño a ti mismo" (T-8.VII.13:3).

---

* Mente conciente: aquí el autor utiliza la palabra "conciente" para diferenciar entre los dos tipos de mente, consciente (relativa a la Consciencia) y conciente (relativa a la conciencia).

Recapitulación y reflexión

Voy a hacer una recapitulación desde una visión más espiritual, más metafísica:

Del Uno deviene el Dos,
pero nunca deja de ser Uno.
El Tres es el vínculo para no olvidarlo,
el Cuatro es el escenario para experimentarlo.
El Uno está en todos, para divinizarlos.[4]

Ya que nos encontramos en un mundo dual, una de las mejores maneras de llegar a este estado de comprensión es *conocerse a sí mismo,* pero no como algo aparte de los demás, sino a través de los demás, porque entre ellos y tú no hay separación, no hay un tú y un yo. Por eso, el *Curso* nos recuerda que siempre que te encuentras con alguien, te encuentras contigo mismo.

"Nunca te olvides de esto, pues en tus semejantes o bien te encuentras a ti mismo o bien te pierdes a ti mismo" (T-8.III.4:5).

Aún puede ser más concreto y explícito:

"Solo puedes encontrarte con parte de ti mismo porque eres parte de Dios, Quien lo es todo" (T-8.III.7:1).

¿Cómo puedo hablar del despertar desde el estado de sueño o ilusión? ¿Cómo surge la necesidad de mover mi pensamiento hacia unos confines que no sé si existen? ¿Qué camino dicta mi interior que siga? ¿Qué o quién me ha llevado hasta este momento, hasta este ahora? ¿De dónde surge este inconformismo? ¿Hacia dónde me dirige mi mente? La Consciencia se expresa a Sí Misma en Sí Misma a través de la conciencia, que vive y se desarrolla en el mundo dual. La primera es la esencia de la divinidad, lo contiene Todo, ES.

> "No es tan difícil de entender, al menos intelectualmente, que este universo es un sueño; pero es casi imposible aceptar que quien se supone que entiende esto es, él mismo, parte del sueño. Esta creencia en uno mismo es lo único que realmente está impidiendo que ocurra la apercepción de lo real."[5]

Qué importante es salir de la mente dual y empezar a percibir conscientemente la realidad intrínseca que conllevan nuestras relaciones interpersonales, nuestras maneras de mostrarnos al mundo, mediante los trabajos, las asociaciones, los grupos, nuestras aficiones y todo el amplio abanico de actividades sociales que podamos realizar en nuestro mundo particular. Todas y cada una de ellas son la expresión de programas inconscientes heredados de nuestros ancestros, de un inconsciente colectivo social.

¿Te has preguntado alguna vez cómo sería si hubieras nacido en otra sociedad, en otra comunidad, en otras creencias? ¿Te has preguntado alguna vez cómo verías el mundo si fueras chino, o japonés, o alemán, o profesaras otra religión distinta a la que has incubado desde tu nacimiento?

Si lo has hecho, entonces pregúntate: "¿Cómo podemos atrevernos a juzgar a los demás, a opinar, a condenarlos?". Ciertamente estamos mucho más condicionados de lo que somos conscientes. Es hora de empezar a ampliar nuestra conciencia, a comprender, a despertar a la realidad de que lo que vemos es solamente la expresión de unos programas que pensamos que son la realidad. Bueno, son nuestra realidad, pero no la Realidad.

¿Cómo despertar de este sueño? La verdad es que no hay cómo ni cuándo ni de qué manera. Entiendo la pregunta, pero no hay una respuesta concreta. Cuando ocurre el despertar, el ser que despierta, el ser que alcanza la comprensión, dice cosas como:

"En verdad no he obtenido nada con la iluminación."[6]

"Solo hay una misteriosa comprensión tácita, y nada más."[7]

"Todo sigue igual, pero no es lo mismo."[8]

"El mundo real es también un sueño. Excepto que en él los personajes han cambiado y no se ven como ídolos traicioneros. El mundo real es un sueño en el que no se usa a nadie para que sea el substituto de otra cosa, ni tampoco se le interpone entre los pensamientos que la mente concibe y lo que ve" (UCDM, T-29.IX.7).

Nadie puede despertar de un sueño si cree que no está soñando. Por ello, si quieres empezar de alguna manera, deja de juzgar. El porqué es muy simple: el sueño en el cual vivo es un sueño de juicios, un sueño de escala de valores, en el que la comparación es ley, la crítica el alimento diario, y el descontento la energía que lo alimenta. Cuando dejo de juzgar, cuando vivo según mi criterio, respetándome y respetando, entonces estoy haciendo posible que mi universo cambie.

"La espada del juicio es el arma que le entregas a esta ilusión de ti mismo, para que pueda luchar e impedir que el amor llene el espacio que mantiene a tu hermano separado de ti. Mientras empuñes esa espada, no obstante, no podrás sino percibirte a ti mismo como un cuerpo, pues te habrás condenado a estar separado de aquel que sostiene el espejo que refleja otra imagen de lo que él es, y, por ende, de lo que tú no puedes sino ser también" (T-31.VII.9:2-3).

Conclusión: las relaciones en general

Toda relación tiene una finalidad: conocerse a sí mismo mediante los opuestos. Como vengo explicando, la razón es muy sencilla: vivimos en un mundo polarizado. El yin y el yang; lo masculino y lo femenino; lo positivo y lo negativo; el blanco y el negro; luces y sombras; personalidad y sombra; inocencia y culpabilidad; salud y enfermedad; el día y la noche, el bien y el mal. Para conocer una polaridad tienes que experimentar la otra. Nadie puede saber lo que es el día si no conoce la noche, nadie puede conocer el valor de la salud sin la enfermedad; en general, nadie valora lo que tiene si nunca le ha faltado.

Las relaciones humanas funcionan bajo el mismo prisma. Si no te respetas, encontrarás a alguien que te enseñe a respetarte; si eres rígido e intransigente, vivirás experiencias con personas que te pondrán a prueba constantemente. Positivo atrae a negativo; cuando algo o alguien sobresale, aparecen los detractores. Si llevas un programa de no tener hijos, puedes encontrarte —como he visto en mi consulta— con personas que sean infértiles. Siempre te encuentras contigo mismo. Cuanto antes viva esta verdad, antes podré trascenderla y alcanzar la paz interior.

> "El mundo que ves no es sino el testigo fútil de que tenías razón" (T-21.II.5).

Esta frase refleja exactamente lo que estoy explicando. Es imposible que vivas experiencias que estén fuera del marco de tu manera de ver y entender las cosas. Tu percepción te muestra simplemente aquello que puedes ver, no lo que realmente ves. Tu percepción, como ya se ha dicho, solamente refleja tu estado mental.

> "Soy responsable de lo que veo.
> Elijo los sentimientos que experimento y decido
> el objetivo que quiero alcanzar.
> Y todo lo que parece sucederme yo mismo lo he
> pedido, y se me concede tal como lo pedí".
> UCDM (T-21.II.2:2)

Para poder entender estos párrafos hay que cambiar de mentalidad, hay que ver el mundo desde una perspectiva holística, cuántica, bajo el prisma de que yo soy el responsable de los acontecimientos que experimento en mi vida, y si los quiero cambiar, esto solo depende de mí.

> "[El E.S.] Tiene que llevar a cabo Su labor mediante el uso de los opuestos porque tiene que operar para una mente y con una mente que está en oposición" (T-5.III.11:3).

Y veamos la siguiente cita, todavía más clarificadora:

"Tu hermano es el espejo en el que ves reflejada la imagen que tienes de ti mismo mientras perdure la percepción" (T-7.VII.3:9).

La suprema verdad es vacía, omnipresente, silente, pura; Es una gloriosa bienaventuranza misteriosa y pacífica. Y eso es todo. Entra profundamente en ella por ti mismo, despertando.[9]

Las relaciones especiales tienen por objetivo liberarme de los condicionamientos que están almacenados en mi inconsciente, programas que esperan salir a la luz y ser liberados bajo el prisma de la comprensión y de la liberación de creencias obsoletas y esclavizantes. Son una oportunidad maravillosa para conocerme a mí mismo, para abrir mi conciencia.

Comprendo que todas las relaciones especiales contienen elementos de miedo y culpabilidad, como el miedo a la soledad, y por ello las revisto de sufrimiento y de sacrificio. Comportan mucho dolor y están llenas de ansiedad y desesperación intercaladas con períodos de placer.

Cuando las pongo a la luz de una visión cuántica, de una visión holística, comprendo que son experiencias educativas, transpersonales, y que nadie es especial. Ya no creo que mi felicidad dependa de encontrar a ese ser especial, que el ego se encarga de llamar mi media naranja. Ciertamente, en toda relación, del tipo que sea, siempre encuentro mi otra mitad; la mitad que me complementa para que pueda llegar a la integración. Ya no proyecto en el otro mis necesidades personales, ahora ya sé que el otro es yo mismo.

Reflexiones

El Tú pregunta: —¿No es verdad que la finalidad de la relación de pareja es que sea duradera?

El YO responde: —Toda relación tiene un sentido y un para qué. Las relaciones no son mejores porque duren muchos años, ni peores porque duren pocos meses. Lo importante de cada relación es el aprendizaje que conlleva. Muchas relaciones están revestidas de un amor especial que, tal como define el *Curso,* está basado en la creencia de que Dios me quiere con un amor especial. El ser especial está lleno de matices, así es el mundo dual. En la unidad solamente existe el Amor, que se manifiesta en todo y en cada parte. Cada encuentro de tu vida debería ser un encuentro santo, una oportunidad de reconciliarte contigo mismo a través del otro, y a la inversa. Como dice el *Curso:* en tu hermano te pierdes y en tu hermano te salvas.

El ego divide las relaciones especiales en muchos tipos. La verdad es que no son reales, pues el Yo se relaciona consigo mismo, en sí mismo, en relaciones virtuales pertenecientes al mundo de la ilusión.

Muchas veces, el apego y el miedo nos llevan a mantener relaciones tóxicas. Amamos al otro con el fin de que no nos abandone, y este amor está lleno de egoísmo, de hipocresía, de dependencia, de dolor, de sacrificio y de sufrimiento. Cuando por fin esta relación termina, abrigamos un gran resentimiento contra el otro. No somos conscientes de que nosotros mismos somos los artífices de este final tragicómico.

Una relación puede durar un minuto, un día y ser perfecta. Otra relación puede durar una vida entera y ser el fruto del miedo, convirtiéndose en una relación estéril porque no ha dado los frutos del aprendizaje.

Cuando en las relaciones no se consigue el aprendizaje que toca, simplemente se repiten una y otra vez las mismas situaciones.

El *Curso* nos dice: "El amor no abriga resentimientos."

"El Amor no es una emoción, sino una forma de ser y relacionarse con el mundo."[10]

CAPÍTULO 5
¿ES REAL EL MUNDO EN EL QUE ESTOY?

Se me podría preguntar cómo estoy seguro de lo que estoy escribiendo y de aquello sobre lo que hablo. Algunos podrían incluso decirme que solo son creencias y, como tales, son cuestionables; es más, para algunos la verdad solo es aquello que pueden ver, tocar y medir.

La ciencia ya ha demostrado muchas veces que nuestro cerebro procesa una mínima parte de todos los bits de información que recibe del campo visual, desechando todos aquellos que considera innecesarios. Dicho de otra manera, solamente vemos aquello que creemos que podemos ver, o simplemente que necesitamos ver. En muchísimas ocasiones, para poder ver algo concreto, nuestra mente necesita un modelo de lo que busca, porque, de no ser así, corremos el riesgo de no verlo aunque lo tengamos delante. Recuerdo que una vez mi mujer me pidió que le trajera la caja de pañuelos que se encontraba encima de una cómoda. La superficie de la cómoda no superaba los 30x40 cms, pero yo miraba y miraba aquella pequeña superficie y no veía la caja de pañuelos. Ella me dijo: "Mira que te morderán la nariz, es la caja rosa". De repente, vi la caja frente a mí como si hubiera aparecido de la nada.

¿Qué había ocurrido? La respuesta es muy simple: yo tenía en mi mente el modelo de la caja de pañuelos que habíamos tenido durante mucho tiempo, una caja de color azul. Por eso no la veía. Para encontrar algo, para poder ver algo, hay que tener el modelo mental.

Una posible respuesta que yo podría dar a la pregunta anterior sería: "Cuando sabes algo, no necesitas creer".

UCDM nos dice: "El día que dejes de creer, me verás".

La necesidad de creer, de tener creencias, se apoya en que no sé si aquello es así o de otra manera. Proyecto la necesidad de que las cosas se adapten a mi manera de ver y entender el mundo y todo lo que me rodea.

Mis creencias condicionan mi vida. Son el gran obstáculo que me impide alcanzar la comprensión necesaria para poder ver la otra cara de la moneda.

El mundo, lo que llamo real, tan solo son conceptos, constructos de la mente en el sueño, en la ilusión. Cuando yo no sé algo, cuando no puedo darle una explicación, entonces enarbolo creencias y rijo mi vida en función de ellas.

Los conceptos, mis conceptos, están condicionando mi realidad. Creo una ilusión de mí mismo y construyo una personalidad alrededor de este yo. Este yo, llamado ego, toma esta ilusión de mí mismo y la proyecta en el mundo.

"Pues vuestras creencias convergen en el cuerpo, al que el ego ha elegido como su hogar y tú consideras que es el tuyo. Vuestro punto de encuentro es un error: un error en cómo te consideras a ti mismo. El ego se une a una ilusión de ti que tú compartes con él" (UCDM, T-23.I.3:3-5).

"El propósito de las enseñanzas del mundo es que cada individuo forje un concepto de sí mismo. Este es su propósito: que vengas sin un yo, y que fabriques uno a medida que creces" (T-31.V.1:5-6).

"Los conceptos se aprenden. No son naturales, ni existen aparte del aprendizaje. No son algo que se te haya dado, de modo que tienen que haberse forjado. Ninguno de ellos es verdad, y muchos son el producto de imaginaciones febriles, que arden llenas de odio y de distorsiones nacidas del miedo. Los conceptos mantienen vigente el mundo" (T-31.V.7:1-5,7).

UCDM expresa con claridad meridiana que vivimos en un mundo prefabricado por nuestra mente, y lo grave es que creemos que es real, y que nuestra manera de percibir es la verdad. Esta es la locura de este mundo: la creencia de que las cosas deben ser tal como pienso que son.

Cuando sabes, cuando tienes certeza, ya no necesitas creer. Vives de acuerdo a la nueva percepción, sabiendo que tu manera de ver es sencillamente una manera de ver, y no la verdad.

Como nos dicen David Carse y UCDM: la comprensión, la certeza, es una gracia. Viene a ser como un regalo. No tiene nada que ver con propósito alguno; no tiene nada que ver con méritos o deméritos, ni con acumular puntos, por así decirlo. Sencillamente, los méritos se basan en una forma de pensar dual, para la que la gracia es un misterio.

Algunos científicos ya empiezan a vislumbrar, e incluso a afirmar, que el universo es un inmenso holograma —el lector puede consultar estas teorías en *El observador en Bioneuroemoción* y en *El arte de desaprender*—, lo que reafirmaría el carácter ilusorio del mundo.

Dicho de otra manera, la Consciencia crea el universo mediante una proyección llamada holograma, y luego proyecta en él una parte de sí misma llamada conciencia. La Consciencia y la conciencia permanecen constantemente enlazadas, y el vínculo de unión sería el inconsciente.

Casi todo el mundo ha visto la película *Matrix*. La conversación entre Morfeo y Neo en la famosa escena de la pastilla roja y la pastilla azul es un clásico. Transcribo aquí una parte de dicha conversación, que viene a explicar lo que quiero exponer.

M: ¿Alguna vez has tenido un sueño, Neo, que pareciese muy real? ¿Qué ocurriría si no pudieras despertar de ese sueño? ¿Cómo diferenciarías el mundo de los sueños de la realidad?

[...]

N: ¿Entonces esto no es real?

M: ¿Qué es real? ¿De qué modo definirías *real*? Si te refieres a lo que puedes sentir, a lo que puedes oler, a lo que puedes saborear y ver, entonces lo *real* son simplemente señales eléctricas interpretadas por tu cerebro.

[...]

N: Sé lo que intentas hacer.

M: Intento liberar tu mente, Neo. Pero yo solo puedo mostrarte la puerta. Tú eres quien la tiene que atravesar.

En otro momento, Morfeo le dice a Neo: "Tienes la mirada de un hombre que acepta lo que ve porque espera despertarse. Irónicamente, no dista mucho de la realidad".

Esto es lo que quiero explicar en este libro: hay algo dentro de mí que sabe que lo que ve no es la realidad. También he comprendido y sé que no hay ninguna enseñanza, ningún tipo de aprendizaje o disciplina con el que se logre este despertar tan deseado y tan intuido. Por ello, Morfeo dice a Neo: "No se puede explicar lo que es Matrix. Has de verla con tus propios ojos".

Esta es la gracia, simplemente sucede y ya está. ¿Qué ha cambiado? Nada. Todo lo que me rodea, el mundo en general, ha perdido el sentido que antes tenía para mí. Sigo haciendo las mismas cosas, sigo estando con las mismas personas, pero todo es diferente, todo es efímero. Es absurdo apegarse a nada porque todo va a desaparecer. Es más, todo está cambiando constante e irremediablemente, y yo añadiría: ¡¡Gracias a Dios!!

Si estamos en Matrix, si esto es un holograma, si todo lo que me rodea es una proyección y yo formo parte de todo este tinglado, todo lo que está en él también son hologramas. Para todos nosotros —que somos hologramas— todo es real, todo es físico, porque cada uno vivimos la realidad con una conciencia. Para dejar el holograma tengo que soltar mentalmente, desapegarme, desaprender, desprogramarme, y poder estar en él como Neo estaba en Matrix. Para ello, es necesario despertar. El yo que cree estar en este mundo *real* no puede hacer nada. No hay que hacer nada sencillamente porque en la consciencia no existe el concepto de *hacedor*. Vivimos en el sueño de hacer, de obtener, y todo ello, ¿para qué?

Como dice David Carse:

—¿A quién le parecería sólido un holograma?

—Pues a otro holograma.

CAPÍTULO 6

LA ABUNDANCIA ME PERTENECE

En el apartado "Las leyes de la curación" de la lección 26, UCDM nos dice:

> "Esta es la ley de la creación: que cada idea que la mente conciba solo sirva para aumentar la abundancia y nunca para disminuirla. Esto es tan cierto con respecto a lo que se desea vanamente como con respecto a lo que la voluntad dispone verdaderamente, ya que la mente puede desear ser engañada, pero no puede hacer de sí misma lo que no es" (T-26.VII.13:3-4).

¡¡Ojo!!, aquí hay que prestar suma atención, pues en este párrafo queda claro algo muy importante: "Solo existe la abundancia".

El Tú: —Entonces, ¿por qué vivo en la carencia?

—Solamente puedes vivir en la abundancia —si crees que estás en la carencia—viviendo la abundancia de la carencia; vives la abundancia de la pobreza. A eso se refiere el *Curso* cuando habla de "lo que se desea vanamente" —responde el Yo.

—¿Cuándo he decidido vivir en la carencia?

—El *yo* que se expresa en la conciencia es inconsciente de todos los condicionamientos que ha ido recogiendo en su vida actual, en la vida intrauterina y en los programas de sus predecesores. Mi mente/cuerpo vive unas experiencias que el *yo* no puede o no sabe comprender. El yo que crea una personalidad es inconsciente de todos estos condicionamientos.

—¿Entonces? —pregunta el Tú.

—La finalidad de lo que estás leyendo a través de ti mismo en el otro, que en este caso es Enric en este libro, es hacerte consciente de que puedes cambiar tu experiencia en el sueño y vivir en él la abundancia, tal como el *yo* la entiende en este mundo dual.

El *Curso* me enseña que yo no sé cuáles son mis necesidades, y me aconseja que las deje en manos de Aquel que sabe lo que es mejor para este *yo* en cada situación y en cada momento de su vida en el sueño.

"Sólo el Espíritu Santo sabe lo que necesitas. Mientras estés en el tiempo, Él te proveerá de todo cuanto necesites, y lo renovará siempre que tengas necesidad de ello. No te privará de nada mientras lo necesites. El Espíritu Santo no tiene, por lo tanto, ningún interés en las cosas que te proporciona. Lo único que le interesa es asegurarse de que no te valgas de ellas para prolongar tu estadía en el tiempo" (T-13.VII.12-1,4-7).

—¿Puedo desear algo? —pregunta el Tú.

—Yo puedo desear cualquier cosa, pero, si soy consciente de dónde emana el poder, me liberaré de mi apego al resultado, y lo dejaré en manos de esa inteligencia universal llamada Consciencia que se expresa en mí. Estaré viviendo la experiencia de la abundancia, y quizás la viva desde la carencia.

»Hay que desprenderse de las expectativas, hay que renunciar a los resultados, pero nunca a la pasión. Hay que soltar, hay que experimentarse, hay que dejar que la Consciencia se exprese a través de la conciencia que emana de uno mismo.

»De hecho, no hay que renunciar a nada, porque renunciar indica resistencia a algo. Nunca tienes que olvidar que aquello a lo que te resistes, persiste. Debes escoger de otra manera. Como se dice en *Conversaciones con Dios:* "Se trata de un movimiento hacia algo, no de un alejamiento de algo".[1]

—¿Por qué esto es así? —pregunta el Tú.

—Porque vivo en el mundo dual. No puedo saber algo, no puedo vivir algo, si no lo vivo desde la otra polaridad. Este es el gran juego de la Consciencia: jugar a no-ser para vivir la Suprema Experiencia de Ser.

»No se trata de llegar a ningún sitio; nuestro viaje es un viaje sin distancia. Se trata de expresar aquello que Somos a través de nuestras creaciones, que llamamos vida o destino. Es una experiencia de nosotros en nosotros; una experiencia de Unidad en un mar de unidades que conforman un Todo.

—Entonces, ¿por qué todo es tan real? —pregunta el Tú.

—Es así. De otro modo, ¿cómo iba a ser una experiencia de vida? Cuando juego a un juego virtual, por muy bien hecho que esté, por muchos efectos especiales que tenga, sé que es virtual y la experiencia nunca puede ser plena.

»Siguiendo con esta analogía, se podría crear un juego en el que yo pudiera proyectar parte de mi conciencia. De esta manera, mi experiencia sería más vívida, más *real,* por decirlo así. La ciencia ya lo está logrando y potencialmente se puede hacer. Pero, ¿qué necesidad hay de ese juego si es el juego al que ya estoy jugando y se le llama vida?

»Lo único que estamos haciendo, lo único que hace este *yo* que se cree separado, es vivir sueños dentro del gran sueño, nada más. En este mundo, en este sueño, a eso se les llama fantasías.

—¿Existen las cosas en el sueño? —pregunta el Tú.

—Todo lo que hay en el sueño existe, pero se le ve como un todo separado, pues en esto consiste el sueño. El hecho de que sea una ilusión no implica que no haya nada en el sueño. La verdad es que no hay nada a lo que se le pueda llamar real. La prueba de ello, lo que nos hace saber que todo es ilusión, es que todo es impermanente, todo cambia, todo deja de ser en un momento u otro.

»Lo único que existe es la Consciencia vertiéndose en la conciencia, todo es un Supremo YO.

—"Una diminuta y alocada idea, de la que el hijo de Dios olvidó reírse, se adentró en la eternidad, donde todo es uno. A causa de su olvido ese pensamiento se convirtió en una idea seria, capaz de lograr algo, así como de tener efectos reales" (T-27.VIII.6:2-3).

—¿Quieres decir que todo lo que hay en el universo soy yo? —pregunta el Tú.

— "No hay nada en todo el universo que no te pertenezca. No hay nada que Dios haya creado que Él no haya puesto amorosamente ante ti para que sea tuyo para siempre" (T-24.VI.3:1-2).

Como lo vivo todo como si estuviera separado de mí, entonces pienso que "yo no lo tengo" y que tengo que conseguirlo. Por eso, en este mundo siempre estamos en el logro, en el hacer. Este es el principio de carencia que se expresa en la expulsión del Edén; esta culpabilidad es la clave del sueño, la que nos mantiene atrapados en él.

"La creencia de que es posible perder no es sino el reflejo de la premisa subyacente de que Dios está loco. Pues en este mundo parece que alguien tiene que perder porque otro ganó. Si esto fuese cierto, entonces Dios estaría loco" (T-25.VII.11:1-3).

"La salvación —el despertar— es el renacimiento de la idea de que nadie tiene que perder para que otro gane" (T-25.VII.12:1).

Cuando tu mente está abierta a la experiencia consciente, la Consciencia te provee de cuanto puedas necesitar en este mundo de la ilusión: el dinero, el sexo, las posesiones, la lealtad. Se te proveerá de todo cuanto necesites para realizar *tu obra* en este mundo, y además no tendrás apego a ello, ni miedo a perderlo, porque sabrás que lo que tienes se te está dando.

Practica el desapego, que consiste en una retirada emocional de los asuntos del mundo, en un dejar de controlar que las cosas sean como a ti te gustaría que fueran. Este estado mental de dejar fluir te llevará a la paz mental y te liberará de sufrimientos innecesarios. Estar desapegado es vivir con la conciencia de que hay algo que lo sustenta todo para bien de todos. Esta es la abundancia que lo insufla todo. Solo uno puede privarse a sí mismo. Cuídate de apegarte, de querer controlar; vivirás con más serenidad y sabrás que la Consciencia te dará aquello que necesites para hacer tu función en el mundo.

UCDM dice:

"[...] comparte tu abundancia libremente y enseña a tus hermanos a conocer la suya. No compartas sus ilusiones de escasez, pues de lo contrario, te percibirás a ti mismo como alguien necesitado" (T-7.VII.7:7-8).

"Nunca te olvides, por consiguiente, de que eres tú el que determina el valor de lo que recibes, y el que fija el precio de acuerdo con lo que das" [...] "Al dar recibes. Pero recibir es aceptar, no tratar de obtener algo. Es imposible no tener, pero es posible que no sepas que tienes" (T-9.II.11:1,4-6).

"Cuando pierdes la conciencia de tu grandeza es que la has reemplazado con algo que tú mismo inventaste. Quizá con la creencia en la pequeñez; quizá con la creencia en la grandiosidad" (T-9.VIII.7.3-4).

"Solo puedes privarte a ti mismo de algo. No resistas este hecho, pues es en verdad el comienzo de la iluminación" (T-11.IV.4:1-2).

—¡¡Quiero ayudar!! —dice el Tú.

—Si quieres ayudar a alguien, primero no tienes que vivir su vida, no tienes que identificarte con sus problemas y sus sufrimientos. Hay que aprender a utilizar correctamente la empatía: tienes que unirte a tu hermano, no a su sufrimiento. Como nos dice UCDM: "Las necesidades que ves en tus hermanos son tus propias necesidades". "Cómo te atreves a querer ayudar a tu hermano si ni tan siquiera puedes ayudarte a ti mismo".

»Comprende que esta es una necesidad interna: la necesidad de ayudar es una carencia que está en tu mente y la proyectas al exterior.

»Cuando quiero cambiar lo externo creyendo que no tiene nada que ver con mi interior, entonces me sacrifico; este sacrificio es la expresión de mi egoísmo, porque quiero que las cosas sean como yo creo que deben ser.

»Cuando te sacrificas te empobreces, porque en el sacrificio hay carencia, y esta es tu proyección. Te empobreces tú y empobreces a los demás. Cuando el otro siente que compartes sus miedos y sus necesidades le haces más pobre.

»Nuestros miedos, nuestras miserias, nuestras desconfianzas nos impiden ser abundantes, y arrastramos a todo aquel con quien nos unimos en estas creencias. *Un curso de milagros* nos recuerda en sus páginas que un Hijo de Dios puede evitar que Dios brille a través de él, pero nunca puede evitar que brille sobre él, porque somos quienes somos.

»Tú ya lo tienes todo, no tienes que hacer nada. No necesitas mejorar o superar nada. No hay nada que purificar, santificar ni consagrar. No hay nada que lograr, nada que demostrar. No se trata de no hacer nada. Más bien, se trata de hacer aquello que sientas que tienes que hacer, sin convertirlo en una motivación, en un camino especial, en un dogma, en una idolatría. En tu *esencia* lo eres absolutamente todo, pero en tu sueño estás desterrado, por eso crees que tienes que hacer algo para ser grato a los ojos del Creador. No eres Consciente de que tú formas parte de Él y Él de ti. No hay dos, solamente hay Uno expresándose en una diversidad infinita.

»Cuando vives en este mundo de ilusión desde la Consciencia, todo lo que haces se convierte en algo impersonal; no es un logro personal o un intento para conseguir algo que te permita ser mejor persona o salvar al mundo. Desde la Consciencia sabrás aquello que tienes que hacer, te dejarás fluir, y se te llevará allí donde puedas ser útil. Así de simple, así de sencillo. Como nos dice UCDM: tú no puedes añadir ni un ápice a lo que realmente vales.

»Querido tú, ahora ya sabes que estoy hablándome a mí mismo a través de ti. Estás donde debes estar, la Consciencia no se ha equivocado, no tienes que ir a parajes remotos a buscar no sé qué iluminación. No tienes que hacer nada especial para agradar a Dios, no tienes que hacer nada para despertar, pues este último paso —la caída del velo— lo da la Providencia, lo da Dios, la Suprema Inteligencia, la Consciencia.

Cuando digo la palabra *tú*,
digo cientos de universos.[2]

La creencia en los problemas

"Puedes estar seguro de que la solución a cualquier problema que el Espíritu Santo resuelva será siempre una solución en la que nadie pierde" (T-25.IX.3:1).

"Entregarle un problema al Espíritu Santo para que Él lo resuelva por ti significa que quieres que se resuelva" (T-25.IX.7:5).

Para que esto sea así, el yo tiene que renunciar a su deseo, a su necesidad, a su manera de evaluar qué es mejor. No hacer nada no quiere decir *no ocuparse,* quiere decir no preocuparse. El otro día, mientras contemplaba mi jardín, levanté la mirada al Cielo y dije: "Gracias, Providencia, por hacerme vivir esta experiencia de expresarme en esto que llamo *mi jardín,* y por poder disfrutarlo y ver como Tu energía se expresa en él".

Vivir en la gratitud es vivir en el aquí y ahora sabiendo que todo tiene su razón de ser, que todo está bien. He vivido experiencias dolorosas, de carencia, de no tener nada. De todas ellas he aprendido algo, he tomado conciencia de muchas cosas que me han permitido estar ahora mismo aquí, escribiendo este libro.

La vida es como una alfombra que se extiende cuando el *yo* va dando pasos. Es necesaria la experiencia espacio/tiempo para poder desplegar tanta sabiduría, la sabiduría de la Consciencia en la conciencia. Por eso sé que este libro no lo escribe este yo llamado Enric, sino la Consciencia a través de la conciencia Enric. Gracias.

No hay problemas que no puedan convertirse en oportunidades de seguir desplegándome en este mar de conciencia. Las crisis son oportunidades para cambiar valores y creencias, para cambiar pensamientos y sentimientos.

La propuesta no es negar la existencia y el valor de todas las cosas; no es el nihilismo. Es llevar la conciencia hasta el límite de su existencia y dejar que suceda ese paso que ya no depende de ella. Mientras tanto, empleamos este mundo onírico para ver los reflejos de la Consciencia llevando este yo al límite de su existencia, y así desprendernos de este sueño con plenitud. Llegará un momento en el que la experiencia de nacer y morir se convertirá en un aparecer y desaparecer. Todo es siempre vida. La muerte es un concepto y, como tal, puede ser deshecho.

Las Emociones, vehículos para la conciencia

Todo estado emocional produce una modificación de la conciencia, que Janet ha denominado *"abaissement du niveau mental"*. Es decir, se produce un estrechamiento de la conciencia y, al mismo tiempo, una intensificación de lo inconsciente, y estos cambios, en especial si se trata de afectos fuertes, también son evidentes para el profano. El tono del inconsciente se eleva, creándose así un declive desde este hacia el consciente. Así, el consciente cae bajo el influjo de impulsos y contenidos inconscientes, instintivos, es decir, de complejos cuyo fundamento último son los arquetipos, el *patrón instintivo*.[3]

Los estados emocionales son los vehículos que nos permiten viajar desde el conciente[*] hacia el Inconsciente para tomar contacto con el Consciente y así poder aumentar nuestra conciencia. Yo llamo a estos estados nave espacial *emoción*. Nos permiten tomar conciencia de cómo vivimos ciertos episodios de nuestras vidas. Cuando no reprimimos las emociones y las observamos, dejándolas que se expresen en nuestro cuerpo, nos conducen a los estados donde se formaron. Allí es donde todo debe reiniciarse, pero con un cambio de emociones profundo gracias a la luz que nos brinda la Comprensión de lo que subyace a ellas: las creencias de todas y cada una de las personas que están en la situación.[5]

---

[*]   El conciente: el consciente relativo a la conciencia.

Las emociones reflejan el campo energético, un tipo de información que alimenta una situación en nuestras vidas, y de ahí surge una visión del mundo, así como una manera de percibir lo que llamamos nuestra verdad.

"Lo único a lo que hay que despertar es que la verdad, la auténtica, es la que lo contiene Todo"[4]

No hay nada separado. Lo que está polarizado de una manera atrae su complementario, y así sucesivamente hasta que este estado de comprensión nos permite unir los teóricos opuestos.

Extraigo de mi libro *El arte de desaprender* este apartado que viene a iluminar lo que quiero destacar en este libro. Veamos:

La locura de la mente que se cree separada

La emoción es humana, es biológica. El pensamiento es racional, está en la mente, es una explicación. El sentimiento une el pensamiento y la emoción, y ambos se encuentran en el corazón. Por eso, cuando sentimos, conectamos la razón con la biología, que se expresa con un sentimiento. Ahora bien, cuando mi sentimiento me hace vibrar con las sensaciones que llamo positivas, es porque estoy en coherencia. Mis pensamientos y emociones se expresan en un sentimiento que, al estar en coherencia, me permite actuar con la certeza de que el Campo escucha mi coherencia y actúa sobre mi ADN, que vendría a ser como una caja de resonancia, con un eco perfecto y lleno de armonía. Esto me lleva a recuperar la salud, la armonía en mis relaciones, y el éxito que siempre estuvo allí, esperándome a que sintiera en mi corazón la SABIDURÍA del Creador. A esto se le llama alinearse con la VOLUNTAD, esta voluntad que me pertenece y nos pertenece a Todos por igual. Nos desconectamos de ella cuando nos dejamos guiar por nuestras creencias como si fueran la verdad. La única verdad, la absoluta, es que cada uno de nosotros forma parte de este Todo Indiviso, y que tiene la capacidad de vivir aislado (enfermedad), o unido (salud).

Cuando escuchas a tu corazón, estás escuchando a tu mente y a tu biología en un baile de sentimientos. Entonces tú eliges entre amar u odiar. Ambas emociones necesitan expresarse en acciones, por eso el que ama actúa y el que odia también. El amor une, el odio destruye. El amor cura, el odio enloquece. Entre ambas emociones hay una infinidad de sentimientos que se expresan constantemente en nuestra mente y en nuestra biología.

El odio intoxica todo nuestro cuerpo. Busca la destrucción del otro, pero, como esto no es posible, entonces el Campo actúa, ejerciendo una fuerza hacia el foco emisor de odio que lo destruye, llevándole a un estado de inercia emocional. Ahora queda a la espera de que actúe el corazón de la persona odiada y pueda liberarlo de la inercia a la que está sometido. A esto se le llama el perdón, que es el mayor sentimiento que todo ser vivo puede expresar.

En nuestras vidas se expresa un Campo infinitamente sensible a las emociones y a los sentimientos, porque no debemos olvidar que el universo es participativo. Cuando observas, actúas, y esta observación altera la matriz —el Campo— de acuerdo con tu forma de observar, que obviamente está guida por tus sentimientos. Cuando tus sentimientos son de vibración elevada, crean una realidad que puede manifestarse en cualquier estado de conciencia, por muy dispar que esta sea. Por eso, dos personas distintas pueden vivir dos realidades absolutamente diferentes estando en el mismo tiempo y lugar. Lo que ocurre es que cada una de ellas está alineada con un sentimiento que la hace conectar con una línea espacio/temporal y, por lo tanto, con otro tipo de información, otro tipo de relación causa/efecto. Todos los universos posibles, todas las posibilidades, se hallan en un punto de inflexión, y este punto está a disposición del ser pensante, del observador.

El ser que ama y el ser que odia forman parte de la misma acción, pero ambos se expresan en polaridades complementarias. El amor es la máxima vibración en el universo, el odio es la mínima, y ambos coexisten en un baile, porque tú decidiste vivir en la dualidad. El odio es amor en su expresión mínima, porque no es posible que haya una oposición al amor, pero sí que es posible que el ser humano se sienta separado de su Creador, que se sienta culpable y esto genere una transformación del amor, ocultándolo en lo que se llama odio.

Como ya sabes, siempre se ha dicho que el odio y el amor van unidos. Esto es así porque, si fuera de otra manera, el que quedara atrapado en el odio nunca podría salir de él. El odio lleva la esencia del amor. Por eso, quien vive en el odio está a la espera de perdón. El lugar se llama infierno, pero no es un lugar, sino un estado emocional que expresa odio. Estar en el odio es vivir en un espacio/tiempo muy denso, donde se percibe que el tiempo pasa muy lento, todo sucede muy despacio, por eso se lo confunde con una especie de eternidad.

El odio alimenta al que odia de la misma forma que el amor se alimenta a sí mismo. El que se sumerge en el mar del odio está condenado. Ciertamente esto es así porque, como el odio es la mínima expresión de amor, esta partícula empieza a crecer, y el odiador queda "condenado a vivir la locura del Amor".

Por eso tú, como observador, debes ver el odio de esta manera. No se trata de comprenderlo, porque así lo haces real. Más bien se trata de que solo veas la chispa de amor que siempre le queda al ser que odia.

Bien, el observador ve la locura de las acciones que hacen los humanos atrapados en este mar de odio, ve las atrocidades, los holocaustos, los crímenes, las violaciones. El observador debe alinearse con su corazón, escucharlo, sentir a través de él. Es una observación sin juicio alguno. Es una acción que no busca comprender esta locura, una acción de deshacer lo que ve porque solo presta atención a lo que no está a la vista: el Campo que todo lo une. Allí es donde el observador prestará atención y se dejará guiar por el Espíritu que lo alimenta Todo, un Espíritu que solamente ve la verdad de lo que sucede. Él sabe que todos los acontecimientos que hay en el mundo dual son una oportunidad de liberase del odio a través de la experiencia que llevará a todos a comprender que odiar se hace tan insoportable, que es preferible dejar libre al ser que se odia para así empezar a sentir paz en el corazón.

El campo, en su infinita sensibilidad y en su total incapacidad de juzgar, responde automáticamente a toda acción a través de una emoción. Reprimirla no solo no sirve de nada, sino que tarde o temprano acabará expresándose en la biología. El observador es, por definición, un ser pensante/emocional y un manifestador de sentimientos.

Todo es ahora y para siempre. Cada instante es un despliegue de situaciones activadas por los sentimientos. Por eso es tan importante estar en coherencia emocional, porque de esta forma todas las acciones están impregnadas de amor.

Vivimos en una ilusión llamada espacio/tiempo, una ilusión que nos hace creer que todo lo que nos sucede no

tiene nada que ver con nosotros, que hay unos acontecimientos allí afuera que intentaremos controlar. No hay nada
que controlar, salvo prestar atención a los sentimientos que
envuelven cada situación que vivimos. Esto es de una relevancia capital, puesto que en este instante eres el creador de tu
realidad, que llamamos, en nuestra incomprensión, destino.
Siempre somos dueños de nuestro destino, pero estamos
atrapados en él cuando no somos conscientes. Cuando empe-
zamos a despertar debido a que nuestro nivel de conciencia
es más elevado, entonces ya no planificamos: dejamos que
los acontecimientos se acerquen para ver que forman parte
de nosotros, así como nosotros formamos parte de ellos.
Un ser despierto vive su creación estando en el amor, y
un ser dormido vive su infierno cuando está en el odio. El
odio tiene infinidad de expresiones y todas ellas te harán
vivir cierto nivel de sufrimiento.
En el apartado "Observar al observador", veremos la actitud mental y las pautas emocionales que hemos de seguir
para poder liberarnos y alcanzar el anhelado estado de paz
interna.

Terrorismo emocional: la culpabilidad inconsciente

Hay una emoción que nos encadena a nuestras creencias y a nuestras percepciones: la culpabilidad. Está alimentada por una de las creencias más arraigadas a nivel social:
nos debemos a los demás, aunque en nuestro fuero interno
no deseemos que sea así. Se nos tilda de egoístas si pensamos en nosotros mismos antes que en los demás. Hasta
tal punto es así que llegamos a desconectarnos de nosotros
mismos, dejando de vivir nuestros sentimientos y emociones
para vivir los de los demás. Este fenómeno se llama empatía
y lo utilizamos de una forma muy polarizada, tanto que nos

encadena a esta posición extrema y nos impide vivir nuestra vida. Esta cadena de la culpabilidad se convierte, a la larga o a la corta, en amargo resentimiento y enfermedad física.

Proyectamos nuestros miedos, buscamos a quién unirnos para sentirnos seguros y después proyectamos la culpabilidad para mantenerlos atados a nosotros, no sea que se cansen y nos abandonen. El miedo a la soledad y al abandono es la locura que habita en nuestra mente alimentada por la sin razón del ego, que nos hace creer que tenemos que evitar estas realidades para alcanzar la felicidad. Vendemos nuestras vidas por un *plato de lentejas,* nos cortamos las alas y nos quedamos en nuestra zona de confort psíquica, aunque sea dolorosa y sufriente.

La emoción es la fuerza que atrae. Aquello que más temes es lo que atraes a tu vida. Todo pensamiento es una energía que, una vez proyectada, nunca muere. Uno de los errores que cometemos es creer que nuestros pensamientos no van a ninguna parte, pues son los que crean nuestra *realidad* diaria.

Todo pensamiento revestido de emoción atrae otros pensamientos de vibración parecida. Esta concatenación de energía se manifiesta en nuestra vida hasta el punto de que puede llegar a materializarse.

Por eso, se puede decir que cuando dejamos entrar la culpabilidad en nuestra mente ya estamos muertos, pues esta energía atrae a nuestra vida *los castigos* de los que creemos ser merecedores. La culpabilidad nos oxida, nos anquilosa, reprime nuestra libertad y alimenta el resentimiento hacia aquello que nos tiene atados.

Dejar entrar la culpabilidad en nuestra mente nos predispone a la enfermedad, hasta tal punto que esta se convierte en la prueba de que mi mal es por culpa de las exigencias del otro.

Reflexión:

"Es inevitable que quienes experimentan culpabilidad traten de desplazarla, pues creen en ella. Sin embargo, aunque sufren, no buscan la causa de su sufrimiento dentro de sí mismos para así poder abandonarla" (T-13.X.3:4-5).

Esta afirmación que hace *Un curso de milagros* no se puede entender desde una mentalidad dual. El ego siempre trata de justificarse a sí mismo proyectando la culpabilidad. Lo que hace una mente que comprende que todo es Uno es, sencillamente, no proyectar, pues sabe que no hay alguien sobre quien proyectar. Es más, tiene plena conciencia de que todo lo que proyecta vuelve a su fuente en forma de circunstancias, que la mente dual llamará circunstancias ajenas. No hay nada ajeno que no forme parte de uno mismo. Nunca debo olvidar que Yo soy Tú.

En una mente en la que anida la culpabilidad no tardarán en manifestarse el sufrimiento y el sacrificio, que son los regalos con los que el ego bendice toda unión. Estas dos manifestaciones de la mente, sufrimiento y sacrificio, nacen del miedo a la soledad y llevan a establecer relaciones de odio/amor. Se trata de aliviar la culpabilidad que anida en uno proyectándola en el otro. Se producen momentos álgidos de pasión junto a momentos álgidos de desesperación y llegamos a creer que esto es algo natural.

La Comprensión de que la unión que tengo con el otro es la unión que tengo conmigo mismo me permite liberarme del rechazo y del apego. Ahora sé que ese que llamo tú es el yo que habita en mí.

"Crees que todo el mundo exige algún sacrificio de ti, pero no te das cuenta de que eres tú el único que exige sacrificios, y únicamente de ti mismo" (UCDM, T-15.X.8:1).

Nos lamentamos de que vivimos en un mundo donde el terrorismo campa a sus anchas. No alcanzamos a comprender por qué sucede lo que sucede y cómo unos matan a otros en nombre de no se sabe qué. Además, nombramos al dios de turno para justificar nuestras acciones terroristas.

Quizás pienses que ser terrorista es poner una bomba en algún sitio. Esta es una forma de terrorismo que está presente en nuestras vidas, pero el auténtico terrorismo anida en nuestras mentes cuando nos negamos a nosotros mismos, cuando inculcamos en las mentes de nuestros hijos ciertos valores y resentimientos. Muchas veces esto lo hacemos creyendo que estamos jugando, sin ser conscientes de que estamos emponzoñando sus mentes.

Odiar unos colores lleva a odiar a las personas que se identifican con ellos. Odiar o menospreciar unas creencias lleva a rechazar a las personas que creen en ellas. Ridiculizar a otras personas lleva a menospreciarlas. Hablar de los otros como inferiores, sea por la forma de vestir, por la forma de hablar o por sus creencias, es el camino hacia el orgullo nacionalista que justifica aniquilar a otros.

Creemos que matar a otro es disparar contra él, y no somos conscientes de que criticarle es dispararle con la mente, y es crear una realidad que tarde o temprano recaerá sobre nosotros.

No puedo olvidar que aquel que yo critico soy *yo mismo;* es una parte de mí que alejo de mí. Todo ello hace que lo experimente en forma de experiencias más o menos

dolorosas, más o menos traumáticas, sin alcanzar a saber
por qué y sintiéndome víctima.

El mundo es mundo

El mundo tiene un sentido y un para qué. Es un lugar para
poder experimentarnos como dualidad y así trascenderla.
Si el mundo fuera perfecto, todo el proceso terminaría,
pues no tendría sentido. ¿Quién quiere que no termine la
enfermedad? ¿Quién quiere que no terminen los problemas? ¿Quién quiere que ya no existan preguntas? ¿Quién
quiere que la verdad alumbre a todos? Posiblemente, la
respuesta es Yo. Pues bien, en ese momento de perfección
el mundo dejará de existir tal como lo estamos experimentando. En su maravilloso libro *Conversaciones con Dios,*
Neale Donald Walsch nos dice:

"Nada, nada en absoluto, es más amable que la naturaleza. Y nada, nada en absoluto, ha sido más cruel
con la naturaleza que el hombre. Pero eludís cualquier compromiso, negáis toda responsabilidad. No
es culpa vuestra, decís, y en eso tenéis razón. No es
cuestión de culpa, sino de decisión."

"Del mismo modo, mañana mismo podéis poner fin a
todas las guerras. Sencillamente, fácilmente. Lo único que siempre ha hecho falta es que os pongáis de
acuerdo."

¿Cómo podemos pedirle a Dios que ponga fin a las guerras
y a la sin razón cuando nuestras mentes están rebosantes
de odio y de desprecio hacia los demás? Nos quejamos del
terrorismo, no comprendemos cómo es posible que otra

cultura nos ataque, y no somos capaces de preguntarnos qué es lo que hemos hecho, qué hemos sembrado para recoger tamaña iniquidad.

En estos momentos, en Europa, hay un gran desplazamiento de refugiados que huyen de la guerra, de la muerte, del hambre. Son personas que no saben adónde ir, que buscan comprensión, refugio, sustento, dar sentido a sus vidas. Las naciones, los pueblos se los reparten en forma de *cuotas.* Regateamos sobre si unos cuantos cientos de estas personas pueden o no pueden venir. Observo cómo una periodista zancadillea a un padre que corría con sus hijos a hombros y este cae de bruces al suelo. Esto genera compasión y se le acoge. Entonces me pregunto: "¿Y los demás? ¿Qué motivo llevó a la periodista a hacer eso?". Me sigo preguntando: "¿Por qué no vamos a la fuente y resolvemos el conflicto?". La respuesta puede ser: "Es que hay intereses contrapuestos. ¡¡La vida humana vale menos que todo esto!!". Ciertamente nos quejamos de no estar seguros en nuestras calles y en nuestras viviendas, pero no somos conscientes de que la bomba que estalla en nuestras vidas simplemente está en nuestras mentes.

Pienso que podemos vivir en este mundo con nuestros problemas diarios, con nuestras enfermedades, nuestras relaciones interpersonales, aprendiendo de todos ellos para, por fin, poder estar en paz con nosotros mismos y vivir según nuestro criterio, sin caer en la trampa de las comparaciones y de las críticas.

Estos primeros pasos nos llevarán a tener un mundo donde el sueño de dolor, sufrimiento, enfermedad y carencia dé paso a un sueño feliz que nos llevará a otro estado de cosas.

La Consciencia, la divinidad, no se expresará en nuestras vidas de otra manera hasta que cada uno de nosotros esté dispuesto a renunciar sus valores y a sus creencias. Vivimos en el mundo que nosotros mismos alimentamos. *Yo soy Tú,* este es el camino de la ansiada liberación. No hay nada que hagas al otro que no recaiga sobre ti. Yo soy el hacedor de todo cuanto me sucede, soy el hacedor de toda la información de todos aquellos que me precedieron. Por eso la historia se repite, para que algún día pueda cambiarla y así depositar la *nueva semilla* que lleve a las futuras generaciones a un estado de paz, fruto del respeto al prójimo alimentado por la conciencia *Yo soy Tú.*

Reflexión:
Una pareja está sentada en un banco a la luz de la luna. Él dice:

—Si yo te digo que quiero saber qué soy, ¿qué me dices?

—¡¡Oh!! Yo te diría que eres una persona maravillosa, encantadora, preciosa,... de confianza, divertida, estupenda —dice ella.

Y continúa:

—Eres como a mí me gustaría ser. Yo también me pregunto muchas veces qué soy —dice ella quizás esperando obtener la misma respuesta.

—Jejeje, voy a decirte algo curioso —dice él—: No te preguntes qué eres, pregúntate qué ves... Porque lo que veas en ellos será lo que tú eres.

Se besaron.

CAPÍTULO 7
EL INCONSCIENTE NO-LOCAL

Antes de nada tengo que dejar claro lo que hemos de entender por no-local o no-lineal. La física cuántica nos dice que si tenemos dos partículas que se han conectado entre sí y las alejamos una de otra —incluso a años luz de distancia— lo que se le hace a una, al instante lo manifiesta la otra. Einstein llamaba a esta cualidad el efecto fantasmagórico a distancia. Einstein —y lo digo con todos los respetos— partía de la premisa de que la separación es real; este era su error. El universo subatómico es no-local y en él todo está conectado con todo. Todos y cada uno de nosotros estamos conectados a nivel subatómico.

Posteriormente, el físico Alain Aspect demostró que la velocidad de la luz no es un límite absoluto cuando observamos el mundo cuántico. El entrelazamiento cuántico —el fenómeno de la conexión no local entre fotones— nos muestra que todos estamos entrelazados desde el mismísimo Big Bang, si es que el universo conocido ha nacido de la explosión de un punto condensado.

Muchos científicos también nos dicen que nuestra mente es no-local por una razón aparentemente sencilla: ¿Dónde se encuentra la mente? Sabemos que el cerebro procesa estímulos por causa de ella; pero no se consigue ubicarla. ¿Dónde empieza y dónde termina la mente? Hoy estaba observando un documental de Canal+. En él se hablaba de diferentes plantas y de cómo se adaptan a su entorno. Aparecía un cactus que florece una vez al año, y concretamente en luna llena. Produce una flor blanca hermosísima, y de ella emana un olor a frutas podridas, que por lo que se ve son muy apetecibles para unos murciélagos, que se lanzan a alimentarse de este néctar; de esta manera se polinizan. Mi reflexión es: "¿Cómo saben esto los cactus? ¿De dónde proviene su conocimiento? ¿Cómo saben ellos qué efluvios han de fabricar?". Están tan seguros que, con un solo día, todos ellos se polinizan. Es más, y para mí esto resultó realmente revelador, estos cactus saben que los murciélagos realizan una migración y una ruta precisa. Esto hace que los cactus se alineen de tal manera que siguen esta ruta, lo cual permite que los murciélagos se alimenten del néctar. El presentador del documental acaba diciendo que, si no fuera por los cactus, los murciélagos no podrían hacer la migración por falta de alimento. Increíblemente hermoso. ¡¡Cuánta sabiduría!! ¡¡Cuánto Amor!!, diría yo.

La explicación es cuántica. La información siempre está presente y dispuesta para ser utilizada. Los diferentes cerebros receptores y emisores guardan recuerdos de la información que necesitan y lo hacen de una forma inconsciente. Por eso me permito hablar de *inconsciente no-lineal*.

¿Cómo saben las tortugas marinas a qué playa tienen que volver para poner los huevos? ¿Cómo saben las leonas que hay que tener pocas crías porque en la sabana hay pocos pastos por causa de una tremenda sequía? ¿Cómo sabe la cierva que el verano va a ser una estación muy seca, y come frutos de unos arbustos cuya característica farmacológica es que son anticonceptivos, como explicaba un guarda del Parque Natural de Doñana?

Puedo citar otros ejemplos obtenidos de la web Omniverso Fractal, como:

- El caso de las termitas es muy interesante: si pones a tres o cuatro en una pecera con algo de tierra, no hacen nada. Pero si pones una gran cantidad de ellas, todas comienzan a construir complejas estructuras, organizándose sincrónicamente. Todas toman al mismo tiempo la decisión de ponerse a trabajar.
- Rupert Sheldrake creó un laberinto para determinada especie de ratones de laboratorio. Ese laberinto era un campo morfogenético experimental. En otro laboratorio pusieron a la misma especie de ratones en otro laberinto que era un duplicado exacto del primero. Cuando los ratones de Sheldrake descubrieron el camino más corto hacia la comida, al mismo tiempo, en el otro laboratorio situado en otro país, los ratones comenzaron a tomar el mismo camino, llegando también más rápido a la comida. Esto es algo así como el experimento del centésimo mono.
- Esto es algo que sucede todo el tiempo con las ballenas del Atlántico Norte y las del Atlántico Sur. Son manadas que no están conectadas entre sí; sin embargo, cuando una de las manadas cambia su can-

ción, una vez al año, la otra comienza a cantar al mismo tiempo la nueva melodía.

• Solo una mente no local e inmaterial puede explicar la mayoría de los fenómenos que les ocurren a los seres vivos; una mente que sea un campo unificado, la Consciencia, tal como vengo indicando. La dualidad, el mundo de la conciencia, nos hace vivir como entes separados, pero todos estamos intrínsecamente unidos por este Mar de Consciencia. No podemos hablar de la separación cuerpo/mente, sino de la unidad mente-cuerpo, pues esta última es el reflejo de los estados emocionales por los que atraviesa la mente.

Esta mente, que voy a llamar psique, entrelaza las diferentes partes en que la dividimos: conciencia, inconsciente y supraconsciente.

Comprender cómo funciona nuestro inconsciente nos permitirá tomar conciencia de lo importante que es aprender a gestionar nuestras emociones y nuestros sentimientos. Ellos son la fuente de energía que se expresa en nuestros cuerpos.

En *Curación y recuperación*[1], Hawkins nos dice: "Un principio básico de la recuperación es que estamos sujetos a lo que tenemos en mente, lo cual, sin embargo, puede ser inconsciente —estar fuera de la conciencia—. Para hacer que esto sea comprensible nos remitiremos al Mapa de la conciencia, en lugar de hacer que nuestras expresiones suenen místicas o misteriosas".

Cuando hablo de estar sometido a nuestra mente, me refiero a estos programas inconscientes que hemos heredado de nuestros ancestros, cuando estábamos en el vientre de mamá, cuando éramos pequeñitos y se nos hacían creer ciertas cosas, etc. Además, hemos de tener en cuenta la fuerza que tienen los programas de nuestro inconsciente colectivo.

No podríamos comprender todo esto desde una visión dualista o newtoniana. Lo que ilumina nuestra conciencia es saber que todo conocimiento es no-local y no se pierde nunca. En el caso de los grupos familiares, la información se guarda no-localmente en el inconsciente grupal, para que cada miembro la viva, la experimente o simplemente la trascienda.

Para el inconsciente no-local no existen x miembros de la familia; todo el árbol es una unidad de información, es Uno. El Uno se expresa en la dualidad del dos, que son cada uno de los miembros del clan.

Este ejemplo, vendría a ser un fractal de cómo funciona el universo. En él, todo parece separado, y en él todo está interrelacionado cual Uno solo. La información es holográfica —la parte contiene al todo, y el todo está en cada parte— y se guarda en el inconsciente, que en este caso sería no-local.

La experiencia clínica con el método de la BNE me ha demostrado que cuando un miembro del clan cambia la información, el resto se beneficia, sobre todo si se trata de un hijo. En otro caso, la nueva conciencia alumbra a cada miembro y al clan en general, y podrá ser utilizada en su debido momento.

Si nos centramos en el yo, la experiencia interna nos dice que la experiencia del pensamiento y la experiencia del cuerpo están ocurriendo no localmente en todas partes. Cuando buscamos la salud, tenemos que dirigirnos a la naturaleza de la conciencia, la cual es retroalimentada por la Consciencia, que es la vida misma y contiene todas las informaciones habidas y por haber.

El Principio de Incertidumbre de Heisenberg nos dice que no podemos saber la posición y velocidad de una partícula al mismo tiempo. Cuando enviamos un fotón para poder hacer la medición, o medimos la velocidad o medimos la posición.

Este principio, como muy bien diría Hawkins, asigna respetabilidad al reconocimiento de la realidad y a la influencia de los efectos de la conciencia. También establece una correlación entre conciencia e intención, y conecta la Consciencia con la conciencia.

Nuestras emociones vibran según nuestro nivel de conciencia, de ahí la importancia de cambiarlas para poder elevar su vibración como consecuencia de un cambio profundo de conciencia.

Nuestra enfermedad es la expresión de unos conflictos inconscientes, muchas veces condicionados, que luchan por hacerse conscientes para que así podamos trascenderlos. La grandeza del concepto de no-localidad es que el mejoramiento de uno es la oportunidad de recuperación de Todos.

Por eso, UCDM nos dice que "mientras tu hermano consienta sufrir, tú no podrás sanar". De aquí la necesidad de no compartir sus creencias en la enfermedad ni en sus sueños de dolor y sacrificio, porque, si los compartimos, estamos haciéndolos reales en su conciencia y en la de Todos. "Mas tú le puedes mostrar que su sufrimiento no tiene ningún propósito ni causa alguna. Muéstrale que has sanado, y él no consentirá sufrir por más tiempo" (T-27.II.8:5,6-7).

La mente no local explica la sincronicidad que se establece entre algunas manifestaciones sin que estén conectadas entre ellas. También algunos otros fenómenos, como el comportamiento sincrónico de un colectivo de termitas o de peces.

La sincronicidad de Jung

Conviene aclarar el concepto de *sincronicidad,* que no tiene nada que ver con el de sincronía. Jung nos aclara que *sincronicidad* significa, en primer lugar, simultaneidad de un estado psíquico con uno o varios acontecimientos externos que aparecen como paralelos significativos con el momentáneo estado subjetivo y, en ciertos casos, viceversa. Nada tiene que ver con sincronismo, que significa la mera simultaneidad de dos acontecimientos. La *sincronicidad* es la simultaneidad de dos acontecimientos de forma acausal, es decir, sin estar relacionados entre sí casualmente. Este fenómeno solo se puede comprender mediante una visión no-lineal y no-local de la naturaleza. La Consciencia atrae acontecimientos que aparentemente están separados.

La idea es que las cosas tienen una causa y un efecto, además de un sentido. El principio de sincronicidad afirma que los miembros de una coincidencia significativa están vinculados por la simultaneidad y el significado.[2]

La sincronicidad vendría a ser como un milagro. Pero acostumbramos a llamar a algo milagro cuando no comprendemos su realidad perfectamente orquestada por la Naturaleza. Es la Consciencia la que atrae acontecimientos que para un observador parecen separados.

Estaba en mi consulta de psicólogo, tratando a una paciente, y de repente algo chocó contra el vidrio de la ventana que estaba a mis espaldas. Observé la cara estupefacta de la mujer y, al girarme, vi en el vidrio la figura de una paloma que había dejado su rastro al chocar. Mi cliente suspiró y dijo: "Ahora lo comprendo todo, ¡¡qué casualidad!!". Le contesté: "Acabas de experimentar una sincronicidad. El universo te ha contestado con un símbolo que solamente tu inconsciente puede comprender, y así lo haces consciente".

Esta idea no fue tomada en cuenta por la mayoría de los físicos de la época de Jung, salvo algunos como Wolfgang Pauli o F. David Peat. A juicio de este, las sincronicidades constituyen indicios de lo que David Bohm llama el orden implicado. Este fenómeno deja claro que la separación entre la Consciencia y la conciencia —mundo dual o de la materia— es una ilusión.

En su libro *La totalidad y el orden implicado,* David Bohm nos muestra muy claramente que el orden implicado determina el orden explicado, el orden de la conciencia en el cual vivimos. Nuestra conciencia solo muestra una ínfima parte de este orden implicado que puedo llamar Consciencia. En la medida que me hago cada vez más consciente de esta posibilidad, en esa misma medida mi mente conciente[*] se abre a otras posibilidades, y es entonces cuando se produce una idea *iluminadora* que me permite resolver una circunstancia determinada.[6]

Jung, en su libro, nos habla de la a-causalidad de las cosas y de los encuentros, y de que la sincronicidad vendría a ser como un principio de conexión a-causal.

Creer en la casualidad o el azar nos lleva a realizar actos pensando que podemos tratar una parte del cuerpo sin tener que preocuparnos de la totalidad del mismo, o que podemos tratar diversos problemas en un lugar del mundo sin que las soluciones puedan afectar al resto. Nuestra tendencia a fragmentar las cosas nos hace per-

---

[*]   Véase nota anterior. (N. del Editor).

der la interrelación entre ellas y la globalidad, haciendo que un teórico bien, aplicado en un lugar, pueda provocar un mal en otro lugar.

Todo está interrelacionado, como nos demuestra Stanislav Grof en *La mente holotrópica*, donde detalla los niveles de la conciencia humana. Nos dice[3]: "La conciencia transpersonal es infinita y trasciende los límites del tiempo y del espacio".

Y con la siguiente afirmación da un espaldarazo casi definitivo al árbol genealógico que nosotros estudiamos para encontrar las causas subyacentes de todos los acontecimientos y relaciones de nuestra vida.

> "La aceptación de la naturaleza transpersonal de la conciencia desafía nociones fundamentales de nuestra sociedad que tienen profundas consecuencias a nivel personal. Para aceptar esta nueva perspectiva sobre la conciencia, debemos reconocer que nuestra vida no está determinada exclusivamente por los estímulos ambientales inmediatos que hemos recibido desde el momento del nacimiento, sino que también se halla modelada por influencias ancestrales, culturales, espirituales y cósmicas que trascienden, con mucho, el horizonte que nos ofrecen los sentidos físicos"[4].

Grof nos explica que muchos de sus pacientes le transmitían los sentimientos y sensaciones que había tenido su madre durante el embarazo, además de los traumas físicos que habían sufrido. Esto deja muy claro que las experiencias prenatales son muy importantes y condicionan nuestra personalidad. En mi consulta, muchas veces digo que estamos secuestrados por estos programas, y nos mantenemos fieles a ellos de una forma totalmente inconsciente, que muchas veces llamamos vocación. Recuerdo el caso de una clienta que vino a mi consulta con problemas de relación a todos los niveles. Su vida había sido dirigida de forma casi compulsiva a estudiar música, y este hecho arruinaba todas sus relaciones interpersonales. Entonces tomó conciencia de que su madre había sido obligada a estudiar música por su padre, y había estudiado de una forma forzada, detestando este proceso. Mi clienta, la hija de esta señora, quería estudiar música desde pequeña, y se marchó de casa para poder hacerlo. Lo curioso del caso es que la madre nunca le ayudó a realizar y a concluir sus estudios. Ella resolvía el trauma de su madre con relación a la música y a su padre. A estos fenómenos se les llama *vocación* —sin comentarios—.

Esto refleja que la conciencia se puede extender más allá de los límites que ella misma se ha creado para adentrarse en el Campo de la Consciencia. Los principios de la física cuántica arrojan luz y dan explicación a estos hechos.

En mi trabajo en constelaciones familiares, y como especialista en BNE, coloco a mi cliente en una silla —a la que llamo silla cuántica— para que pueda experimentar a otras personas y otras realidades. Por cómo lo relata y lo refleja en todo su cuerpo, se aprecia que la persona sentada en la silla experimenta esas sensaciones. Esto le permite ponerse en el lugar del *otro* —al que llamamos tú— y comprender que entre los dos no hay separación, solo experiencia compartida. Esta práctica con la silla lleva a la persona a otra realidad y a un estado de comprensión que le permite liberarse de creencias y ataduras emocionales.

C.G. Jung nos enseña que la función del terapeuta —en nuestro caso, del especialista— es servir de intermediario para que el paciente llegue a contactar y comunicarse internamente con el Sí Mismo que es, en realidad, el auténtico guía del proceso de transformación e individuación.

Una vez que se toma conciencia, se llega a este estado de comprensión del que vengo hablando y se confía en el desarrollo espontáneo del proceso curativo. Como vengo diciendo: "Nos ponemos enfermos inconscientemente, tomamos conciencia y nos curamos inconscientemente". No se trata de dominar técnicas, ni de encaminar a nuestro cliente o consultante hacia una forma de pensar. Se trata de alcanzar otro nivel de conciencia, fruto de cambiar cómo percibimos los hechos traumáticos de nuestra vida y las emociones asociadas, llegando a comprender que todo está entrelazado, que la casualidad no existe y que todo se mueve por leyes muy precisas de carácter universal.

La holotropía de Stanislav Grof se basa en la teoría holotrópica descubierta por Denis Gabor, que se sintetiza en la siguiente frase: "La parte está en el todo y este se encuentra en cada parte".

El principio de holografía nos demuestra que existe una capacidad casi infinita de almacenar información para recuperarla posteriormente. Aquí es donde reside la fuerza del método de la Bioneuroemoción, en extraer esta información de la que nuestro cliente es portador. Él es una parte del todo que es su árbol genealógico o su inconsciente familiar.

En el capítulo "El desafío al universo newtoniano", de *La mente holotrópica,* Stanislav Grof nos dice: "Los seres humanos no somos entidades newtonianas insignificantes y aisladas, sino campos integrales de holomovimiento. Es decir, somos un microcosmos que contiene y refleja al macrocosmos".*[7]

---

* *La mente holotrópica,* Editorial Kairós, pág. 25.

El inconsciente no-local

Los místicos de todos los tiempos ya nos lo han venido diciendo cuando hablan de la expansión de la conciencia. Actualmente, la ciencia lo demuestra, pero la ciencia aún no ha llegado a expandirse a toda la humanidad, que en general se halla sumida en la desesperación que conlleva la creencia en la soledad y en que la muerte es el final. Estamos en plena revolución de la conciencia y en la gestación de una nueva visión científica del mundo, que el eminente William James (1842), adelantándose a su tiempo, describía así:

"Nuestra conciencia de vigilia normal, la denominada conciencia racional, no es más que un tipo especial de conciencia separada de otras formas de conciencia completamente diferentes por la más delgada de las películas... Ninguna descripción del universo en su totalidad que deje a esas otras formas de conciencia en el olvido podrá ser definitiva".[5]

En mi opinión, la conciencia y el psiquismo que anida en ella son expresiones de una inteligencia cósmica a la que llamo Consciencia, que impregna todo el universo.

Cuando dejamos de creer que estamos separados, nuestra conciencia nos permite abrirnos a otras experiencias transpersonales, fuera del alcance del tiempo, del espacio y de la casualidad lineal.

La filosofía china es una prueba de ello, como lo demuestran los pensamientos de Lao-Tse. En la filosofía del Tao encontramos una explicación de lo que quiero dar a entender sobre la diferencia entre la conciencia y la Consciencia. El célebre Tao Te King ofrece la siguiente descripción del Tao:

172

"Hay algo informe, aunque perfecto, que existe an-
tes que el cielo y la tierra. ¡Silencioso! ¡Vacío!
Que de nada depende y es sin cambios,
recorre un círculo, sin obstáculos.
Se lo podría llamar la madre del mundo.
Yo no sé su nombre.
Yo lo llamo Tao. Obligado a darle un nombre, lo lla-
mo lo Grande".[6]

También se le llama *la nada* y es lo que otros místicos han llamado el vacío lleno. Lao-Tse nos dice: "El Tao
abarca a todos los seres, mas no pretende ser su amo".
Y sigue: "La *nada* es evidentemente *significado* o *finalidad,* y solo es llamada *nada* porque no se manifiesta de
por sí.

"Se le mira y no se le ve. Su nombre es: lo fugaz.
Se le escucha y no se le oye. Su nombre es: lo tenue.
Se le hace y no se le siente. Su nombre es: lo incorpóreo."

Wilhelm lo describe como "una concepción situada en
el límite de los fenómenos". En ella, los opuestos se anulan
en la no-distinción, pero siguen existiendo potencialmente. Y esto es lo que Chuang-Tse nos dice acerca de las premisas del Tao: "Es el estado en el que el yo y el no-yo ya no
se oponen".[7] Quiero terminar este apartado con un chiste
que sirva de base para la reflexión:
Un astronauta (A) y un neurocirujano (N), que son amigos
de toda la vida, se encuentran después de muchos años.
A: ¡¡Hombre!! ¿¿Qué tal?? ¡¿Cómo te va?!
N: ¡¡Ya ves!! ¡¡Pues estoy bien, voy tirando!! ¿¡Qué te
cuentas!?

A: Pues mira, he recorrido gran parte del universo, he estado en la luna, he traspasado dimensiones y, sin embargo, no he visto a Dios por ninguna parte.

N: Mmmmm.

A: Dios no existe.

N: Hombre, no sé... Mira: yo, siendo como soy un buen neurocirujano, he hecho complicadísimas operaciones y he visto cientos de cerebros y, sin embargo, nunca he visto ni una sola idea.

A: Mmmmm

N: Así pues... ¿Las ideas no existen?

CAPÍTULO 8

CUANDO 1 + 1 = 1

El *Libro de Ejercicios* de *Un curso de milagros*, refiriéndose al Padre, nos dice: "Lo que Él crea no está separado de Él, y no hay ningún lugar en el que el Padre acabe y el Hijo comience como algo separado" (L-pl.132.12:4).

Las leyes que rigen este mundo cumplen perfectamente la ecuación 1 + 1 = 2. Son las leyes que gobiernan este mundo, tan real para nuestros sentidos. Esto es así porque el Hijo de Dios ha fabricado un cuerpo y un cerebro para poder percibir el mundo de la separación. Actualmente hay científicos, como el doctor Robert Lanza, que nos dicen algo parecido: la vida y la conciencia crearon el universo. Dejan muy claro que de la materia inerte no puede surgir la vida, y menos la mente. Tenemos que verlo a la inversa, tal como vengo expresando: la Consciencia se proyecta en el mundo, en la dualidad, a través de la conciencia. La Consciencia lo sustenta todo y le da la vida.

En este mundo de la ilusión, en este sueño, es importante tener siempre en cuenta que 1 + 1 = 2, pues así lo determinan sus leyes. Pero es fundamental que en nuestra conciencia tengamos siempre presente que 1 + 1 = 1. Por ejemplo, si tienes un accidente y resultas herido, es muy importante que te trate un buen médico con las leyes del 1 + 1 = 2, pero sería aún más interesante que este médico tuviera el pensamiento de 1 + 1 = 1.

"[...] se considera al tiempo y al espacio como si fueran distintos, pues mientras pienses que una parte de ti está separada, el concepto de una unicidad unida cual una sola no tendrá sentido" (T-25.I.7:1).

Para el ego es muy importante que nos mantengamos en las leyes del 1 + 1 = 2, pues ello representa que estamos separados de Dios.

Un día recibí una carta de alguien que había visto mis vídeos hablando sobre UCDM. Con mucho respeto, me recordó que yo había dicho que todos somos Dios. Ella me corrigió diciendo que nosotros somos hijos de Dios y que no podemos ser Dios, o, mejor dicho, divinos —divinidad implica unidad—. Como se ve, ella está en el 1 + 1 = 2. Yo enseño que el *Curso* nos dice que 1 + 1 =1, pero, como nos sentimos separados de Dios, nos dice que solamente hay un Hijo. Para el ego es muy importante que Dios y Su Hijo sean dos entes separados.

"La manera de aceptar tu herencia es reconociendo la Majestad de Dios en tu hermano" (T-7.XI.5:4).

"Dios mismo está incompleto sin mí" (T-9.VII.8:2).

"La grandeza es de Dios y solo de Él. Por lo tanto, se encuentra en ti" (T-9.VIII.1:1-2).

"Si no crees que estás en Dios, tampoco creerás que Él está en ti" (T-11.I.5:3).

El ego toma su ecuación y la convierte en 2 + 2 = 4, y entonces creamos el mundo a través de él. Lo importante es que desarrollemos en nuestra mente la cualidad y la capacidad de pensar que 2 + 2 = 5, que vendrían a ser las infinitas posibilidades que tenemos en este mundo de leyes rígidas. Cuando estamos en la ecuación 2 + 2 = 5, hacemos que nuestra mente cuestione lo que se considera la realidad, lo cual nos prepara para el despertar, y esto siempre con la conciencia de que no hay que hacer nada para obtener algo. Es la propia Consciencia la que se abre y se expone a través de uno en este mundo del 1 + 1 = 2. Cuando esto ocurre, decimos que hemos despertado sin saber cómo ha ocurrido; simplemente ocurre. Si lo pudiésemos explicar, entonces no estaríamos despiertos, estaríamos en la prescripción, en la manera, en lo concreto, en el hacer espiritual que tanto le gusta al ego.

El Tú: —¿Cómo estar en el mundo?

Como muy bien nos dice Kenneth Wapnick en su libro *Cuando 2 +2 =5,* aprendemos a vivir en este mundo conforme a sus leyes, no porque sean ninguna maravilla ni porque sean verdad, sino porque estamos aquí en un cuerpo, y el cuerpo es nuestra clase.

Una cosa es aprender a vivir bajo las leyes del mundo y otra muy diferente es querer arreglarlo. Hay que dejar de querer cambiar el mundo: el mundo es el mundo, y más que cambiarlo hay que trascenderlo. Lo lograremos cuando nuestra mente esté entrenada y dispuesta a verlo a través de la ecuación verdadera de 1 + 1 = 1. Como es una ilusión, el mundo no será destruido, sino que desaparecerá de nuestra vista por razón del pensamiento que estaremos proyectando en él al estar viéndolo con la ecuación verdadera.

Freud ya nos decía algo parecido cuando defendía que arreglar las cosas del mundo no cambia nada y, por lo tanto, no tiene ningún sentido hacerlo si no nos ocupamos de la causa subyacente.

Todos cometemos errores en el mundo por la sencilla razón de que el mundo es el producto de una idea errónea. Cuando queremos corregir lo que creemos que está mal en el mundo, no somos conscientes de que reforzamos el mundo que no nos gusta. Saber esto es saber que 1 + 1 = 1; querer cambiar lo que creemos que está mal es pensar que 1 + 1 = 2. Esto no implica que tengamos que mantenernos con los brazos cruzados si vemos que alguien está en peligro o necesita ayuda. Estaremos con él, le ayudaremos en lo que podamos y, si hace falta, lo llevaremos al hospital, pero siempre lo haremos con la mentalidad de que 1 + 1 = 1. Con la conciencia de que la Consciencia se está expresando en toda la escena y todo está bien, todo tiene su razón de ser.

Hay que pedir inspiración a la Consciencia, a la Divina Providencia, al Ser. No importa qué palabra empleemos, lo que importa es que tengamos conciencia de que lo que estamos haciendo es la acción de la divinidad que se expresa en nosotros y a través de nosotros. Esto es estar con la mente en el 1 + 1 = 1.

El *Curso* nos enseña en sus páginas que Dios no sabe nada de sufrimientos. También nos enseña a utilizar correctamente la empatía, diciéndonos que el ego la emplea para unirse al sufrimiento y así hacerlo real. Sin embargo, el Espíritu Santo "no comprende el sufrimiento, y Su deseo es que enseñes que no es comprensible" (T-16.I.1:5).

Curiosamente, el ego utiliza la empatía para diferenciar distintas maneras de sufrir, y se une a ciertas personas en ciertas situaciones. "Él utiliza la empatía para debilitar" (T-16.I.2:5).

El especialismo espiritual siempre se viste de 1 + 1 = 2: presta mucha atención a lo que haces y a lo que no hacen los demás.

Cuando nos enfadamos porque alguien no hace aquello que tiene que hacer, cuando algo nos desespera, cuando miro la televisión y veo que alguien le corta el cuello a otra persona en nombre de no sé qué Dios, si pienso que hay que aniquilar a estos bárbaros, estoy en el 1 + 1 = 2. Si pienso que tengo que sanar mi mente y mi percepción, si siento que yo no estoy al margen de toda esta barbarie, estoy en el 1 + 1 = 1.

Cuando veo en televisión a toda esta gente que huye de sus países para salvar la vida, y en Europa no se sabe muy bien qué hacer, salvo reprimir o mirar hacia otro lado, o simplemente poner parches, si pienso que esto no tiene que ver conmigo, que es cosa de esta gente, estoy en el 1 + 1 = 2. Si siento que yo formo parte de todo, se me guiará y se me orientará. No basta con recogerles, medicarles, darles de comer y ofrecerles refugio, la auténtica ayuda es asumir que es un problema de todos y de cada uno, viviendo la experiencia sin juzgar. Si lo que vemos nos produce enfado y repulsión o desesperación, estamos diciendo que 2 + 2 = 4.

Hay que saber estar en el mundo, pero sin ser del mundo; esto es estar en el 1 + 1 = 1. El *Curso* nos dice: "¡El mundo no existe!" (L-pl.132.6:2). Veamos la interesante exposición que se hace del 1 + 1 = 1 en la película *Lucy*.

- Los humanos se consideran únicos y han basado su teoría de la existencia en este carácter único.
- El uno es su unidad de medida, pero nuestro sistema social es un simple boceto en que 1 + 1 siempre es igual a 2. Es lo que hemos aprendido.
- En realidad, no hay números ni letras. Hemos codificado nuestra existencia para reducirla a un tamaño que nos permita hacerla comprensible; hemos creado una escala para olvidar su escala insondable.

Como ya sabemos los que hemos visto la película, cuando Lucy desaparece de este mundo, deja muy claro que está en todas partes. Esto es lo que nos explican los seres iluminados: la muerte de la individualidad para fundirse en el Todo, en la Consciencia.

Como hemos explicado antes, estar despierto en este mundo vendría a ser un aspecto del despertar. Kenneth Wapnick lo explica muy bien cuando dice: "La persona que verdaderamente ha sanado es capaz de vivir en este mundo y de vivir como otra gente, pero sin tomárselo en serio". Esto nos remite a la lección 155 de *El libro de ejercicios*: "No cambias de apariencia, aunque sí sonríes mucho más a menudo" (L-pl.155.1:2).

El Tú: —Y si tengo que ir a la guerra, ¿qué hago? ¿Cómo se va a la guerra con la mentalidad correcta?

En este mundo, la guerra forma parte de la vida; así es el mundo del ego. Uno puede encontrarse en la tesitura de estar en un conflicto bélico, y además con la extrema necesidad de disparar un arma para evitar que maten a tu familia. Este es un punto extremo, pero real en este mundo de $2 + 2 = 4$. Lo que puedes controlar es cómo lo haces, cómo lo vives: puedes controlar si lo haces con rabia, con odio, y hasta con razón más que justificada, pensando que aquel al que matas merece morir.

En este mundo, matar forma parte de la vida. Por mucho que intentemos evitarlo, siempre estamos matando algo, un mosquito o un animal para comer porque no tenemos nada más. Hay personas que piensan que lo correcto es comer vegetales y no animales. A veces, se dice que las plantas no sufren, lo cual no es cierto porque se han hecho muchos experimentos en los que se detecta cómo se alteran cuando les acercamos unas tijeras. En este caso lo importante no es estar en lo correcto o en lo incorrecto; que cada uno haga aquello que sienta y crea. El ego buscará tener razón y, sobre todo, conseguir que aquellos que no están haciendo lo que considera correcto se sientan culpables; entonces estamos en el $1 + 1 = 2$.

La gente siempre culpa al comportamiento, lo cual implica estar en el $2 + 2 = 4$. No hay nada bueno ni malo en un comportamiento porque estamos en clase, y en clase la Consciencia se expresa en la conciencia, y para ella solo existe la Unidad manifestándose en la diversidad. Simplemente se trata de no juzgar, cumpliendo así el requisito fundamental que crea las condiciones mentales adecuadas para el momento del despertar.

Como dice UCDM: si este mundo es un mundo de juicios y queremos despertar, tendremos que dejar de juzgar. "¿Cómo puede despertar el Hijo de Dios de este sueño? Es un sueño de juicios. Para despertar, por lo tanto, tiene que dejar de juzgar" (T-29.IX.2:3-5).

El Tú: —Si no juzgo, ¿cómo puedo saber cuál es la causa de lo que me ocurre?

La respuesta a esta pregunta podría ser múltiple: la causa soy yo, la causa son mis programaciones inconscientes, mis condicionamientos, el inconsciente colectivo en el que vivo, el inconsciente familiar en el que me desarrollo. En fin, acepto que todo viene a través de mí, pero la mente dual sigue buscando respuestas fuera. Este es el pensamiento de 1 + 1 = 2.

Si contesto que en el mundo nada es causa de nada, que todo está entrelazado, que cada sujeto y cada circunstancia están influyendo y siendo influidos por un mar de conciencia, ¿entonces qué?

Si contesto que lo que bautizo como mis pensamientos son en realidad la manifestación de la personalidad con la cual me identifico, la programación de mi cuerpo/mente, ¿entonces qué?

¿Quién es el que juzga? Esta es la pregunta. Y la respuesta es simple: la mente que se cree dividida ha creado una entidad dotada de personalidad, el ego, el yo que cree que hay un tú.

Como el ego no es real y es una ilusión, tomar conciencia de ello produce la comprensión, el silencio interior. Es imposible juzgar, pues sabemos que todo es percepción, y que esta está sujeta a muchos condicionamientos. Si asumimos que juzgar es imposible, estamos en el 1 + 1 = 1. La Consciencia es Total, es completa en Sí Misma, es el alfa y el omega, el principio y el fin. No hay dos, no hay causa y efecto. Es una danza cósmica de Sí Misma en Sí Misma, recreándose en su magnífica magnificencia.

Como nos diría Kenneth Wapnick: "El mundo tiene leyes con conexiones causales aparentemente lógicas; no obstante, todo es un timo colosal, parte de la conspiración del ego para mantenernos sin mente en el mundo".[1]

El Tú: —¿Qué es la percepción?

Es una experiencia sensorial determinada por nuestro estado mental. Las creencias tienen una influencia enorme en cómo percibimos el mundo. Es la dualidad por excelencia, que siempre está gobernada por la creencia en *lo bueno* y *lo malo.* La relación causa/efecto es su alimento, siendo la cualidad que nos permite percibir la plena manifestación de 1 + 1 = 2.

La percepción, nuestro mundo perceptivo, se construye mediante imágenes y formas conocidas. Cuando los conquistadores llegaron a América, los indios no podían ver las carabelas: no podemos ver algo que de alguna manera no esté ya en nuestro inconsciente en forma de constructo. Fueron los brujos y los chamanes los que intuyeron que había algo nuevo frente a sus ojos y ellos las descubrieron. Entonces el pueblo las pudo ver. Cuando algo está en el inconsciente colectivo, se transmite a todos y cada uno. Para poder descubrir algo, primero tienes que imaginar otras posibilidades que te permitan trascender lo conocido, que muchas veces es ley.

Podemos recrearnos en la anécdota de Galileo Galilei cuando exponía sus teorías ante los doctores de la Iglesia. Los doctores se negaron a mirar a través del telescopio, pues era cosa del diablo. Y qué decir de su defensa de las leyes de Copérnico. En 1633, la iglesia católica romana condenó a Galileo por postular que la Tierra gira alrededor del Sol, y no fue hasta 1992 cuando la Iglesia, en la figura del Papa Juan Pablo II, rechazó su denuncia a Galileo, 359 años más tarde —sin comentarios—.

Cuando algo no se entiende, cuando algo va más allá de nuestras verdades, se le tilda de sectario, de pseudociencia, tal como le ocurre actualmente al eminente científico Robert Lanza con su teoría del Biocentrismo —la biología como centro de todas las ciencias—, en la que deja muy clara la importancia de la vida y la conciencia para entender el universo.

Tal como decía, la percepción, nuestro mundo perceptivo, se sustenta en las creencias y emociones que lo potencian. Siempre depende del observador que lo percibido se rechace o se acepte, que se le tema o reverencie porque se le vea hermoso o feo. Las cualidades y los adjetivos no existen como tales en la realidad percibida.

A medida que la conciencia evoluciona, también evoluciona nuestra percepción —la historia está repleta de anécdotas—, como nos ocurre a mí y a tantas otras personas. ¡Cuántos agradecimientos no habré recibido de personas que me dicen que ahora ven las cosas de otra manera! Y que ello les da más paz, más tranquilidad y les permite sanar sus heridas y resolver sus problemas. ¡Y cuántos comentarios no se habrán vertido sobre mí diciendo todo lo contrario! ¿Dónde está la verdad? La respuesta es que en todas partes y en ninguna. La Verdad nos posee y se mani-

fiesta de infinitas maneras según nuestro nivel de conciencia. Este mismo nivel de conciencia crea nuestra realidad y
da fe de ella. Cuando las personas van a mis consultas grupales y ven la
interconexión que hay entre todos y todo, les pregunto: "¿Están ustedes seguros de algo ahora?". Todos hacen una mueca
de incertidumbre, de estar viendo algo que no creían posible.
Desde ese mismo momento, nunca volverán a ver las cosas
como antes. Muchos tildan esto de manipulación, hipnosis,
etc. No hay peor ciego que el que no quiere ver, como aquellos clérigos que no querían mirar por el telescopio de Galileo.
Como vemos, la historia se repite y se repite gracias al orgullo
humano y a que nos negamos a abrir la mente a otras posibilidades y realidades que nos están esperando.

Para alcanzar un nivel de conciencia no hay que hacer
nada, no es algo que se consiga ni es una progresión lineal.
Todo se revela por sí mismo cuando cesan los posicionamientos, cuando se deja de cualificar las cosas, cuando se cuida el
lenguaje a la hora de revelar verdades, pues las palabras crean
patrones de pensamiento que se proyectan en el mundo.

"Esto concuerda con la ley fundamental de la percepción: ves lo que crees que está ahí, y crees que está
ahí porque quieres que lo esté" (T-25.III.1:3).

"Podría afirmarse, por lo tanto, que la ley básica de la
percepción es: 'Te regocijarás con lo que veas, pues
lo ves para regocijarte'. Y mientras creas que el sufrimiento y el pecado te pueden proporcionar alegría,
seguirán estando ahí para que los veas. Nada es de
por sí perjudicial o beneficioso a menos que así lo
desees" (T-25.IV.2:1-3).

Cuando estoy en el desapego, en la observación del mundo, en la retirada emocional sin intentar controlar los acontecimientos, aunque participando plenamente en ellos, entonces y solo entonces estoy en el 1 + 1 = 1.

El Tú dice: —Háblame de la proyección.

Jesús nos dice: "Si tu ojo derecho te escandaliza, arráncatelo". Esto, obviamente, es metafórico, tanto en el hecho de arrancártelo, como en el hecho de que es tu percepción la que debe ser arrancada. La clave del asunto es sanar tu mente. Recientemente estaba viendo un programa sobre unas personas de la tercera edad que hacían un viaje por Irán. Una mujer no paraba de quejarse de lo poco que se respetaba allí a las mujeres —pertenecía a una especie de asociación en defensa de los derechos de la mujer—, y sus comentarios siempre eran parecidos: "No sé cómo no se rebelan".

En un momento dado, el entrevistador pregunta a su marido, que estaba en su habitación, trasteando las maletas:

—¿Cómo haces las maletas?

—Ah, no lo sé, ella me la hace y ella me la deshace. Cuando le pregunto dónde tengo una cosa, ella ya me indica dónde buscarla.

"Dime de qué te quejas y te diré cómo eres", dice el refrán. "¡Y con cuánta razón!", añadiría yo. Siempre estamos proyectándonos, siempre estamos proyectando nuestros valores como si fueran lo máximo. Estamos permanentemente en el juicio. Lo que no veía esta señora es que las mujeres iraníes sonreían, eran amables, iban muy bien arregladas, y en cambio ella estaba con cara de amargura, siempre haciendo gestos y dispuesta a la crítica.

Reaccionamos contra lo que creemos internamente al hacer lo opuesto externamente. Este es el mecanismo de la proyección: la creencia de que si lo *expulsamos,* desaparecerá. No somos conscientes de que aquello que proyectamos es lo que tenemos y vivimos.

Hoy leía el comentario de un jugador de futbol muy mediático y controvertido: "El odio que me tienen es mi mayor fuerza".

Cuanto más atacas la posición del otro, más la refuerzas. Así funciona el mundo dual, el mundo de 2 + 2 = 4. Ser consciente de ello y utilizar al otro para poder conocerte a ti mismo es pasar al mundo de 2 + 2 = 5.

Por ello, el *Curso* nos dice que "el perdón siempre está justificado". "Si el perdón no estuviera justificado, se te estaría pidiendo que sacrificases tus derechos cuando devuelves perdón por ataque" (T-30.VI.2:6).

El Tú: —Debo hacer algo para alcanzar el despertar.

Cuando estás en el *hacer,* estás en el 1 + 1 = 2. Como diría David R. Hawkins, hay muchos buscadores bien intencionados que hacen el *circuito,* que se compone de diversas actividades como visitar lugares sagrados, comer ciertos alimentos, ir a meditar a las pirámides, buscar vórtices de energía súper sagrados, recitar mantras, etc. Piensan que el despertar, la iluminación, se consigue mediante determinados esfuerzos.

UCDM nos enseña que no tenemos que hacer nada. El despertar viene cuando le quitamos fuerza al mundo en lugar de dársela. En la medida en que aprendes a estar en el mundo sin sentirte parte de él, estás creando las condiciones mentales para que suceda. Además, también estás desapegado del resultado, porque ahora *ya sabes* que es inevitable, y lo único que no puedes controlar en este mundo regido por las leyes espacio/temporales es *el cuándo*. Todo sucede por Sí Mismo y en Sí Mismo. La vida continúa, no hay un yo personal que haga nada; no hay pensador que piense, ni hacedor que haga. Al observar tus pensamientos, tomas plena conciencia de que no es el Yo el que piensa, sino el programa del ego. Cuando la mente proyecte esa infinidad de pensamientos, pregúntale: "¿Qué me quieres decir?". Ella se parará por la simple razón de que ya no te identificas con esos pensamientos que son el objetivo de la mente egótica para que pierdas la paz mental. Los pensamientos te presentan la ilusión de control. Cuando hay quietud mental, las respuestas se manifiestan en tu mente; sabes que son verdad en tu situación. Estás en el 1 + 1 = 1.

El Tú: —Cuando dices que no hay que hacer nada, ¿es que realmente no hay que hacer nada?

Esta es una pregunta muy típica del ego. No olvidemos que para él la totalidad de la vida está en el hacer. Cuando digo que no hay que hacer nada, no me estoy refiriendo a que no haya que ir a trabajar para ganar el sustento de mi familia, ni que no salga de fiesta, ni que no tenga relaciones sexuales, ni que no vaya al médico o tome la medicación, por citar una serie de cosas que sí tenemos que hacer en este mundo cuando son necesarias. Todo esto es estar en el mundo y seguir sus leyes regidas por el 2 + 2 = 4.

No hay que hacer nada para alcanzar el despertar; no hay que seguir los planes urdidos por el ego. No hemos de creer que tenemos que hacer cosas para agradar a Dios porque no somos merecedores de su gracia. Lo que sí tenemos que hacer es el cambio mental por el que sabemos que somos mente expresándose a través de un cuerpo, y no un cuerpo expresándose por medio de una mente. Entonces estamos en el 2 + 2 = 5.

Haremos lo que tengamos que hacer. Si alguien me demanda, buscaré un buen abogado. Lo importante es con quién lo hago, ¿con el ego o con el Espíritu Santo? Si lo hago con sentimientos de ira, rencor y venganza, estoy en el 1 + 1 = 2. Si lo hago desde la comprensión que me da la experiencia de perdón, estoy en el 1 + 1 = 1.

El Tú: —Entonces, cuando estemos enfermos, ¿hemos de ir al médico aunque ya estemos despiertos?

Por supuesto. Hay personas que piensan y creen que los seres iluminados o despiertos no se ponen enfermos. Otros piensan que ir al médico es ser poco espiritual. Lo que hay que saber es que el cuerpo refleja nuestros sentimientos y emociones, y cuanto más despierto estás, más alerta debes estar, porque las defensas psíquicas están mucho más débiles. Experimenta tus emociones y tus sentimientos, pero no los justifiques. Ellos solo expresan una programación inconsciente. No se trata de negar nuestras experiencias, sino de mirar más allá de ellas, de trascenderlas como consecuencia de una mentalidad regida por la ley del 1 + 1 = 1.

El Tú: —¡Pero el mundo parece tan real! Suceden cosas terribles, guerras, desplazamientos humanos, guetos, hambrunas y violaciones de todos los derechos. ¿Por qué el mundo es así?

Esta es la trampa del ego, crear acontecimientos terroríficos para que les prestemos atención. De esta atención —que es nuestro poder— se alimentan las creaciones del ego. ¿No te parece curioso que las noticias tengan más audiencia cuando hay algo terrorífico que contar? ¿No te has dado cuenta de que la historia se repite una y otra vez? Somos tan tontos que no somos capaces de corregir nuestros errores. Este es el mundo del ego, el mundo de yo tengo y tú no; y de aquello que tú tienes, yo no lo tengo.

El mundo es mentira, es una fabricación del ego, es Smith en todo su apogeo. Él controla el mundo y lo está programando constantemente mediante unas leyes muy coherentes, pero que no son reales.

El Tú: —¿Qué tengo que hacer con mi cuerpo?

El ego nos hace creer en el cuerpo y prestarle atención como si fuese el gran templo. Es más, lo utiliza como carnada para conseguir cosas. "Si lo proteges para exhibirlo o como carnada para pescar otro pez..." (T-24.VII.4:6). Así, el ego consigue que creamos que el cuerpo es la causa de nuestras enfermedades, cuando la verdadera causa está en la mente. El ego hace todo lo posible para mantenernos sin mente, o al menos para que ella no sea la causa.

Creer que somos un cuerpo y que la causa de todos nuestros males está en él es creer que 1 + 1 = 2. Cuando tomo conciencia de que la causa está en mi mente, estoy en 1 + 1 = 1. De hecho, el *Curso* nos explica que somos nosotros los que fabricamos el cuerpo: "Fabricamos el cuerpo como un límite impuesto al amor"; y también que el mundo y el cuerpo fueron creados para esconder nuestra culpabilidad: "El cuerpo seguirá siendo el mensajero de la culpabilidad y actuará tal como ella le dicte mientras tú sigas creyendo que la culpabilidad es real" (T-18.IX.5:1).

"Y mientras creas que [el cuerpo] puede darte placer, creerás también que puede causarte dolor" (T-19.IV.A.17:11).

El mundo y el cuerpo nos hacen vivir en la creencia de que el Yo está separado en multitud de yoes, cada uno de ellos llamado tú. Esto es estar en el pensamiento y en la mente de 1 + 1 = 2. Si yo me veo en ti y tú en mí, porque solo hay Uno, entonces estamos en el 1 + 1 = 1.

Y para terminar este capítulo, me gustaría dejar claro lo siguiente:

- Hablar de **Dios** es hablar de la creencia de que 1 + 1 = 2. Nosotros estamos separados de Él.
- Hablar de **divinidad** es hablar de la creencia de que 1 + 1 = 1. No hay dos, solamente existe el UNO expresándose a Sí Mismo.
- La existencia no es una Totalidad dividida entre Yo y Tú. La existencia es **SER,** existe solamente Una Consciencia.

CAPÍTULO 9
LA ACEPTACIÓN

Una mente entrenada en la visión cuántica, que vive en el 1 + 1 = 1 y comprende que todo lo que le rodea tiene que ver con ella, es una mente que se libera del sufrimiento, comprendiendo que este y el dolor que conlleva tienen otro sentido y otra lectura.

Es una mente que acepta lo que ve y lo que le sucede. Sabe que está viviendo una experiencia y que es muy importante la decisión que va a tomar sobre cómo vivirla y experimentarla.

La aceptación es la gran sanadora de conflictos y de sufrimientos. También corrige importantes desequilibrios perceptivos, e impide el dominio de sentimientos negativos relacionados con el victimismo y el miedo a actuar.

No hay que confundir aceptación con resignación. La primera lleva luz; la segunda, sufrimiento. La aceptación no es pasividad, sino posicionamiento. El ego queda minimizado cuando se comprende que el desarrollo espiritual es consecuencia de la gracia de Dios, y no el resultado de mis esfuerzos.

La aceptación y el desapego siempre van de la mano, son como hermanos. Suponen la retirada emocional de los asuntos del mundo. El desapego se deriva de una actitud y de un posicionamiento mental en el que las metas, los objetivos, son estímulos creados por la propia mente para avanzar en la comprensión de que el éxito no consiste en alcanzarlos, sino en vivir unas experiencias —que llamamos camino—, para realizarnos a través de lo que parecen ser los demás. Nuestra dicha no consiste en llegar a alcanzar esa meta, porque eso sería poner límites a nuestra creación.

El desapego es sentirse libre de conseguir tal o cual objetivo; es comprender que el camino no tiene un fin, sino una infinidad de ellos. Estoy en el proceso y estoy experimentándome a mí mismo en él. Esto conforma una experiencia de vida. Cuando aplicas el desapego a todo lo que haces en la vida, el éxito en el que creías solo es una pequeña parte de algo mucho más grande que no alcanzas a ver. Por eso, es sabio dejar de fijarse metas; ahora sigues tu corazón, tus directrices internas, porque eres plenamente consciente de que hay una inteligencia que se expresa a través de ti. Yo no soy el hacedor, soy el que vive la experiencia haciéndola consciente.

La aceptación es sabiduría aplicada a todos los aspectos de nuestra vida. Aceptar no es resignarse, es posicionarse, buscar otra manera de percibir, de sentir, de actuar con una mente libre de todo juicio.

Esta forma de pensar es muy transformadora. De hecho, es el gran motor del cambio de conciencia. Por fin la mente sabe que ella es la fuente de su propia felicidad, y que el poder está dentro de cada uno.

Cuando uno siente la Consciencia, experimenta la libertad. Cuando sé que formo parte de la Consciencia, abro el camino hacia esta libertad. Por eso, cuanto más me abro con conciencia a la Consciencia, más libertad experimento en mi vida.

La seducción emocional que nos provocan los disgustos y los problemas de los demás desaparece de la mente; dejamos que el mundo resuelva sus problemas. Esto hará pensar a muchos que uno se ha convertido en un *pasota*. Nada más lejos de la realidad. Este yo individual se compromete a aplicar la empatía de forma correcta, tal como enseña *Un curso de milagros*.

> "Sentir empatía no significa que debas unirte al sufrimiento, pues el sufrimiento es precisamente lo que debes negarte a comprender. Unirse al sufrimiento de otro es la interpretación que el ego hace de la empatía... Él [el Espíritu Santo] no comprende el sufrimiento, y Su deseo es que enseñes que no es comprensible" (UCDM, T-16.I.1:1-2,5).

Desde la visión dual —ego— me convierto en un *pasota*. No soy consciente de que el ego siempre intenta manipularme, pues él sabe que aquello a lo que presto atención, lo refuerzo. La visión o la percepción del espíritu es la plena Consciencia que no ve separación, pues *sabe* que todo Es. Sabe que está creando la realidad, y si mi creación es la manifestación de la creencia en el sufrimiento, yo viviré esa experiencia con aquel al que llamo tú y la reforzaré.

El ego siempre está estableciendo relaciones especiales, y por eso usa la empatía de forma tan particular. Me uno al que llamo tú y no me uno a otros tú, como si todos ellos estuvieran separados. Esto me debilita porque caigo en la trampa del sacrificio y del sufrimiento, que acaban produciendo enfermedad.

"El sufrimiento y el sacrificio son los regalos con los que el ego *bendice* toda unión." "En sus iracundas alianzas, nacidas del miedo a la soledad..." (UCDM, T-15.VII.9:1,3)

Otro aspecto de la aceptación es que es una especie de renuncia. Uno no puede renunciar a nada; aquello a lo que te resistas te perseguirá. La auténtica renuncia no renuncia a nada, sencillamente escoge un camino.

Renunciar a mi forma de ver el mundo y hacerlo libremente —sin apego, sin dolor, sin sacrificio— es la manifestación de la plena Consciencia de que por fin sé lo que realmente soy. Esta renuncia atrae a mi vida la percepción de la verdad por la sencilla razón de que no está teñida por el apego, sino que se deriva de la plena aceptación.

Tal como la vengo definiendo, la aceptación es la comprensión de que somos el canal de una fuente llamada Consciencia, que por fin se manifiesta con total libertad en mi conciencia. De esta forma recupero mi poder, que había vendido por un *plato de lentejas.* A este proceso de toma de conciencia se le podría llamar camino espiritual o despertar. En él hay muchas resistencias a abandonar ciertos pensamientos y emociones.

Como diría el doctor David Hawkins, la fuente de esta resistencia es la recompensa secreta que el ego obtiene de

la negatividad. El ego deriva placer de los resentimientos *justificados,* de culpar, de la autocompasión, y de todo lo demás. Por tanto, tenemos que renunciar a la gratificación que la negatividad ofrece a la mente. Lo único que se necesita para deshacer la adicción a la recompensa es preguntarse si el sufrimiento que acompaña a la enfermedad compensa el apego al placer que producen las actitudes negativas. En secreto, a la gente le *encanta* odiar, culpar y tomarse la revancha, así como *tener razón,* sentirse *superior,* y otras cosas parecidas. El coste de alimentar agravios es la tendencia a la enfermedad, así como la resistencia a la recuperación. Por lo tanto, para progresar e incrementar nuestro bienestar es clave ser honesto con uno mismo.[1]
Uno empieza a experimentar la armonía de la vida, que todo está interrelacionado y en sincronía, que nada sucede por casualidad, y mi conciencia se convierte en un foco que puede empezar a conformar una nueva realidad. La soledad pierde su sentido; es más, se convierte en un sinsentido. Es imposible estar solo. Sentirse solo es vivir la vida desde la separación, desde la resignación, desde la lucha y desde la culpa. Desde la aceptación todo esto se trasciende.

La aceptación nos lleva directamente al perdón, y este a la trascendencia, que es un aspecto fundamental del método de la Bioneuroemoción. Esto es así porque la trascendencia es integración, no es rechazo ni renuncia. La trascendencia es la integración de los aparentes opuestos, la comprensión de que el universo es polar y de que siempre estoy rodeado de polaridades complementarias.

Esta trascendencia me lleva directamente a la revelación. Todo aparece ante mis ojos con otro aspecto, con otro sentido. No lo veo con los ojos físicos, sino con los ojos del alma. Todo sigue igual, siguen estando los mismos personajes, los mismos discursos, pero nada es lo mismo porque se me revela la auténtica causalidad: para qué sucede todo de esta manera.

Este proceso de integración, derivado de la trascendencia que experimenta mi percepción, mi ser, me lleva a la pura conciencia.

Veo todos mis dolores, mis males, bajo otra luz. No es una vergüenza tenerlos, no es una manifestación de que estoy mal, sino el proceso que me permite limpiar mis programas inconscientes. La enfermedad se convierte en algo que surge para ser sanado, algo que trae consigo una lección. Es una oportunidad de tomar conciencia del poder que anida en mi interior. Me hace consciente de la culpa, de todos los valores y pensamientos limitantes.

Cuando en el proceso de toma de conciencia se alcanzan niveles donde la Consciencia se expresa cada vez con más amplitud, muchas veces se desencadena una cascada de experiencias que puedo considerar negativas y que estaban escondidas en lo más profundo de mi inconsciente. El proceso de despertar no es empezar a ver luces de colores, sino sentir que la realidad choca de frente con mi percepción, y todo se derrumba. Los valores y las creencias desaparecen, y todo empieza a manifestarse en mi vida de una forma escandalosa, brutal. La sombra se adueña de mí, las emociones súper reprimidas salen y me poseen. Una fuerza inconmensurable se apropia de mi vida y sé que no hay vuelta atrás. Todo es vértigo, mi alma está encogida, no puede, no sabe qué hacer. Solo me dejo llevar, me suelto en las manos de Aquel, de Aquello que TODO lo sustenta, que TODO lo acoge.

El Tú pregunta: —¿Por qué cuesta tanto cambiar?

El Yo, con su profundo amor, responde: —Querido yo, que crees que eres un tú, el apego a nuestra personalidad, el apego a este yo con el cual nos identificamos, nos ata, o mejor dicho, nos encadena, a una serie de experiencias y de expectativas, creyendo que su realización es la meta de nuestras vidas. Todo ello crea una adicción a esta personalidad con la que nos identificamos. Es una forma de controlar a los demás. Decir "yo soy así" es limitar nuestro Yo a un yo muy pequeño, un yo con mucho miedo a no gustar, a no ser aceptado. Entonces empieza el baile de la manipulación. La canción lleva por nombre *Gustar sí o sí, cueste lo que cueste*. Entramos en una especie de hipnosis que nos lleva a vivir en una pequeña parte del YO. Aquí creamos nuestro mundo, nuestro universo, lamentamos nuestras pequeñeces y nuestro destino, y no somos conscientes de que nosotros mismos nos hemos puesto las cadenas y los límites.

»Nuestra manipulación tiene infinidad de caras. La más usada es la del victimismo y también la del perdedor, la del lamentador, la del mártir, la del "pobre de mí", la de "qué haría yo sin ti", la de "gracias a que te he encontrado soy feliz", la de la imagen social, la del estatus, la de la religiosidad, la de ser espiritual, la de ser un héroe. Un sinfín de caras que esconden la Suprema Realidad de Quienes Somos Realmente, y todo se reduce al YO reflejado en una miríada de yoes que entre ellos se llaman tú.

CAPÍTULO 10

EL SUICIDIO INCONSCIENTE

¿Tú crees que tus sentimientos de ira y de cólera no van a ninguna parte? ¿Piensas que tus resentimientos, tu auto-compasión, tus críticas, tus preocupaciones, tu ansiedad, tu auto-desprecio, no van a ninguna parte? ¿Realmente piensas que toda esta bazofia de negatividad que almacenas en tu mente no va a afectar a tu cuerpo?

Cuando me permito mantener cualquier emoción negativa, cualquier pensamiento destructivo o de desvalorización en mi mente durante más de un minuto, esto se refleja en mi cuerpo, en mi biología.

Recuerdo el caso de una señora que vino a mi consulta con un tumor maligno en el estómago. Ella tenía muy claro cuándo se le había activado este cáncer y me dijo: —Mi marido se fue con una pendeja —golfa— y ahora está con ella en el Caribe.

Yo le pregunté: —¿Cómo está él de salud?
—Este hijo de la gran madre está bien. ¡Qué injusticia, él la hace y la pago yo! —respondió con un gesto de profundo resentimiento en la cara. Desde la mentalidad del yo y tú, siempre hay otro que es el culpable de mis desdichas. No me doy cuenta de que yo alimento el resentimiento, la cólera, la rabia, la ira. Es como tomarme un vaso de veneno y esperar que se muera el otro. Para el inconsciente, el otro no existe, todo es Yo. Ese yo es el que experimenta las emociones, los sentimientos, los pensamientos, el que empatiza con cualquier situación y la hace suya. ¿Realmente alguien puede pensar que los resentimientos no van a hacer mella en su cuerpo? La respuesta es sí, siempre que se piense que hay otro, que hay un tú que puede perjudicarnos de alguna manera.

Una frase lapidaria que expresa esta sensación de resentimiento es: "Nuestro padre nos abandonó"; que no es lo mismo que decir: "Nuestro padre se fue de casa y nos quedamos con nuestra madre". Entre estas dos frase hay multitud de presuposiciones que una mente bien entrenada en la indagación detecta, sin dejarse llevar por cualquier impresión o apariencia. Hay muchas preguntas que hacerse para establecer un escenario adecuado y lo más fiable posible. Más adelante hablaré del sistema de creencias que condiciona constantemente nuestra vida y nos lleva a actuar como robots.

Tenemos que despertar a la verdad de que nuestra mente genera cierto tipo de energía en función del tipo de pensamientos, sentimientos y emociones que albergamos.

Mantener una actitud egoísta, de preocuparse solo del propio beneficio, es una forma sutil de congestión mental e intoxicación.

Preocuparse por los demás hasta el punto de dejar de vivir la propia vida es un tipo de egoísmo que nuestro sistema de creencias nos impide reconocer. Creemos que desvivirnos por los demás es algo bueno y, como resultado, me encuentro a muchas personas con graves problemas de salud. Una de las causas de estos desarreglos es la culpabilidad inconsciente. También el *dar para obtener,* alimentado por una profunda carencia de afecto y por el vacío existencial propios de ciertos programas heredados de nuestros padres. Puede tratarse de padres/madres que están muy ausentes a nivel emocional o que son muy posesivos y controladores, y proyectan sobre los hijos sus frustraciones, sus miedos y sus carencias.

Se crea un vínculo de odio/amor, de apego emocional, y la persona atrapada en este bucle no se puede liberar, pues en su inconsciente se almacena el deseo de ser amado como a uno le gustaría.

Según mi experiencia clínica, y después de tratar centenares de casos, puedo certificar que las adicciones de todo tipo están relacionadas con un trasfondo de carencia o de exceso emocional por parte de las madres. Si las madres tienen una pareja ausente proyectarán una solicitud en sus hijos —sobre todo varones—, buscando inconscientemente en ellos su pareja —síndrome de Edipo—. Si se trata de una hija, en muchos casos esta busca a su padre —síndrome de Electra—, pues la emoción que recibe de su madre le resulta carente.

He visto que esta base psicológica da lugar a muchos problemas relacionados con desordenes alimentarios de todo tipo. Este no es el marco adecuado para desarrollar el tema, pero sí lo es para reflexionar sobre cómo la carencia o el exceso de cariño que proyectan los padres sobre sus hijos —de los que a su vez los hijos también serán portadores—, conforman unas relaciones de gran dolor emocional.

En ellas, la culpabilidad toma el mando y, como están alimentadas por ciertas creencias sociales, vemos comportamientos muy disfuncionales, como hijos e hijas que no salen de casa de sus padres, sobre todo por sus madres, atrapados por un sentimiento de culpabilidad e indefensión; o se obligan a mantener relaciones que no desean; o tienen ganas de huir de su casa, pero vuelven a ella por una u otra razón. Estas personas de las que hablo son más que adultas, pues he visto casos de hijos e hijas con más de 40 y de 50 años atrapados en este sinsentido de marcharse y volver. En algunos casos, hijos de más de 40 años llegan a dormir con sus madres, y tienen una fobia tremenda a salir de casa.

El dolor y el sufrimiento campan a sus anchas en este tipo de relaciones adictivas. Como vengo diciendo, todas ellas están revestidas de culpabilidad y de un gran vacío emocional. Se buscan para conseguir una compleción que la propia demanda hace imposible.

Un curso de milagros lo deja muy claro cuando se refiere al sufrimiento y al sacrificio: "De una forma u otra, toda relación que el ego entabla está basada en la idea de que, sacrificándose a sí mismo, él se engrandece. El sacrificio, que él considera una purificación, es de hecho la raíz de su amargo resentimiento" (UCDM, T-15.VII.6:1-2).

Este resentimiento es la causa de muchas enfermedades físicas. Las creencias que lo alimentan son ancestrales y muchas de ellas tienen carácter mitológico y también arquetípico.

"El sacrificio es un elemento tan esencial en tu sistema de pensamiento, que la idea de salvación sin te-

ner que hacer algún sacrificio no significa nada para
ti. Tu confusión entre lo que es el sacrificio y lo que
es el amor es tan aguda que te resulta imposible concebir el amor sin sacrificio. Y de lo que te debes de
dar cuenta es de lo siguiente: el sacrificio no es amor,
sino ataque" (UCDM, T-15.X.5:7-9).

Me quedo con esta frase: "El sacrificio no es amor, sino
ataque". Aquí reside la clave de lo que estoy exponiendo
en estas líneas. Todo lo que no sale limpio del corazón,
todo lo que sale ensuciado por las creencias de la mente,
es egótico. Se muestra como bondad y en su interior hay
un tremendo miedo a la soledad.

El sacrifico se alimenta de la creencia de que existe un
yo separado de un tú. Busco al otro esperando que él llene
mi vacío, alimentado por mi creencia de que estoy separado de la Fuente.

El ego siempre busca sentirse separado mediante la
comparación. Juega a ser más o a ser menos, pero no igual.
El ego es una fabricación de la mente que se siente separada y juega al juego de los trueques: yo te doy para que
tú me des, y si no es así, ya me encargo de hacer que te
sientas culpable.

Cuando mi mente —mi conciencia— se abre a la Consciencia Universal, lo primero que experimento es tranquilidad y paz mental. Todo es Yo experimentándose a Sí Mismo
en una infinidad de yoes que se creen separados. En este
estado mental se alcanza la libertad que todos anhelamos
tanto. No hay nada que buscar, no hay lugar donde ir, no hay
credos ni rutinas ni peregrinajes ni oraciones, pues este estado mental es la Oración última. Nuestras oraciones solo
son un ínfimo reflejo de esta Oración. Todo es perfecto,

estás donde debes estar, no hay error en ello: en tu cuerpo, en tu familia, en tu país, envuelto por una conciencia nacional, de pertenencia, por una conciencia religiosa, por unos valores. Todo ello se desvanece ante tu ojo espiritual por la sencilla razón de que tu mente no ve un yo y un tú. Esta partícula de conciencia con la que te identificas se ve a sí misma en otra partícula de conciencia, y cuando sucede esto, se trasciende todo. El dolor emocional desaparece, la necesidad de sacrificio se volatiliza y todo es perdón y compasión. Todo se convierte en *servicio,* pues por fin uno comprende que no hay nada especial que hacer. Simplemente estar ahí y dejar ser al SER.

Reflexiones

¿Crees realmente que hay una Consciencia Universal —supuestamente separada de todo— que está a la espera de que cada uno de nosotros haga algo especial para gustarle y así poder entrar en Ella? ¿Crees que nos pide que suframos, que nos sacrifiquemos, que pasemos penalidades y dolores, y que las situaciones desagradables son una especie de castigo? ¿Crees que somos culpables, que la hemos ofendido, que muchas veces expresa Su ira y Su cólera en forma de una especie de plaga egipcia, esperando que nos redimamos de nuestros muchos pecados?

¿Te has preguntado por qué vivimos en una sociedad con miedo al terrorismo? ¿Te has preguntado dónde reside el terrorismo?

Las respuestas se hallan en nuestras mentes. Cuando queremos manipular al otro, cuando hacemos que se sienta culpable, en deuda, es como si le colocáramos una bomba de relojería en la mente. Es un especie de virus que va haciendo mella en la mente y reflejándose en nuestra biología. Proyectamos constantemente nuestras culpabilidades, creyendo que de esta manera nos liberamos de ellas. Así es como las mantenemos en nuestra mente y ellas nos quitan la paz interior. Damos para obtener, con miedo a la carencia; creemos que nuestras verdades son más ciertas que las de los demás, y hacemos todo lo posible para luchar contra ellas o erradicarlas de nuestras vidas.

No hay que olvidar que el mundo es la pantalla en la cual se refleja nuestro estado mental. Si vemos un mundo sin sentido, no nos preguntemos quién o qué nos dará la solución. Más bien, preguntémonos dónde está la solución. La respuesta siempre se halla en nosotros mismos cuando integramos nuestro estado mental, y no lo dividimos entre nosotros y ellos.

CAPÍTULO 11

LO ABSURDO DE LA PREGUNTA, LO ABSURDO DE LA BÚSQUEDA

"*No tengo que hacer nada* es una declaración de fidelidad y de una lealtad verdaderamente inquebrantable. Créelo aunque sea solo por un instante, y lograrás más que con un siglo de contemplación o de lucha contra la tentación" (UCDM, T-18.VII.6:7-8).

Preguntar y buscar tienen sentido cuando yo me siento separado de todo y de todos. Solamente en la dualidad tiene sentido la pregunta. El que pregunta no sabe, o cree que no sabe; busca una respuesta fuera y esto alimenta una mente ansiosa y controladora. El que pregunta siempre está en el cómo, en el cuándo y en qué tengo que hacer. Todas estas preguntas están alimentadas por una mente desconectada de la mente que lo envuelve todo.

Una mente dual busca respuestas, busca iluminación, busca despertar y, en su búsqueda, se pierde en un sinfín de dogmas, en un mar de creencias y de comportamientos. He sido un buscador espiritual de aquellos que pensaban que para poder ascender en el camino del despertar había que hacer ciertas cosas, ir a ciertos lugares y comer ciertos alimentos. Hoy sé lo que significa ser un buscador espiritual: es algo que tiene que ver con la *indagación,* con mantenerte alerta frente a lo que te rodea, con una mente que por fin sabe que lo que hay a tu alrededor es algo que viene a ti, por ti y a través de ti, manifestándose en aquello que tú llamas el otro.

"No hay nada a tu alrededor que no forme parte de ti. Contémplalo amorosamente y ve la luz del Cielo en ello" (UCDM, T-23.Intro.6:1).

La mente es la que pregunta y la mente es la que se responde, y la respuesta que obtengas guardará relación con tu nivel de Consciencia proyectándose en tu conciencia. En realidad, no hay a quién preguntar. Cuando preguntas ¿quién soy?, esperas que alguien te dé la respuesta; cuando buscas una solución a tus problemas, esperas que alguien te la dé. No soy consciente de que obtendré la respuesta a mi pregunta y la solución a lo que considero mi problema en función de mi estado de vibración, de mi estado de resonancia. Si mi forma de ver e interpretar la realidad está en modo dual, lo más seguro es que obtenga siempre las mismas respuestas y las mismas soluciones. Cuando mi mente está en modo unidad, las respuestas y las soluciones son inesperadas, y no tienen nada que ver con la pregunta y el problema.

Un curso de milagros llama a este estado mental el Instante Santo. Yo no tengo que prepararme para recibirlo, ni siquiera tengo que hacer planes o elucubraciones para resolver mis problemas. Mi mente libre me permite recibir una respuesta y una solución que no están implícitas en la pregunta ni en el problema. Sé que recibo la verdad de mi experiencia en este momento.

Solo existe la Existencia, el Ser. Él no vive en la dualidad, sino que ES por siempre. Hasta el mismísimo Newton, padre del mecanicismo, creía en la existencia de un *Espíritu Universal* que impregna toda la Naturaleza, responsable último de todas las transmutaciones físicas y metafísicas.[1] Si me centro en la búsqueda, parto de la premisa de que lo que busco está fuera, y no tengo conciencia de que solo puedo encontrarme a mí mismo en una serie de vivencias cuya finalidad es poder experimentarme a mí mismo a través del otro. En este momento de búsqueda incesante del placer, todo puede ser dolor y sufrimiento.

> "No puedes reconocer lo que es doloroso, de la misma manera en que tampoco sabes lo que es dichoso y, de hecho, eres muy propenso a confundir ambas cosas... Lo que a ti te hace dichoso le causa dolor al ego, y mientras tengas dudas con respecto a lo que eres, seguirás confundiendo la dicha con el dolor. Esta confusión es la causa del concepto del sacrificio" (UCDM, T-7.X.3:4, 6-7).

Cuando tomo conciencia de que solo puedo encontrarme a mí mismo en el otro, sé que lo que me rodea resuena conmigo mismo. Es una maravillosa oportunidad de conocerme.

"El Espíritu Santo te enseña que si buscas únicamente en ti no te podrás encontrar a ti mismo porque tú no eres un ente separado. Nunca olvides la responsabilidad que tienes hacia él, ya que es la misma responsabilidad que tienes hacia ti mismo". (UCDM, T-8.III.5:7,11).

No busques, pues si tu intención es encontrar algo que crees que no tienes, tu búsqueda será infructuosa. El *Curso* nos recuerda que solo puedes encontrarte a ti mismo. Este pensamiento es el que te liberará de la búsqueda externa, de buscar algo que no tienes. Aquí reside el principio de escasez que gobierna el mundo del ego al cual soy leal.

Viviendo con la conciencia de que yo soy tú, tengo la certeza de que se me dará todo aquello que necesite en mi proceso y en el desarrollo de mi propósito, y también se manifestarán las relaciones personales que necesite. No hay encuentros casuales ni fortuitos; todo resuena y esta resonancia crea acontecimientos que experimento de forma grupal.

Simplemente debo estar alerta, con una mente abierta y plena conciencia de que lo que vivo resuena con lo que experimento en mi mente. Tenemos que recordar que siempre nos encontramos con nosotros mismos, y lo que vemos fuera, hasta el más mínimo detalle, es lo que atraemos a nuestras vidas.

Cuando preguntas "¿Quién soy yo?", sabes que la pregunta, y también la respuesta, vienen de tu personalidad. Esta personalidad es el centro con el que se identifica el ego, que siempre responde con relación a ella.

Cuando trasciendes el centro —tu centro— que es donde anida tu personalidad, desaparece la necesidad de preguntar y tomas conciencia de lo absurdo de la pregunta, pues la respuesta siempre es la misma: Yo Soy. No hay nada más ni nada menos. Es la respuesta Eterna a la pregunta temporal de quién soy yo, surgida en una vida o en muchas de ellas. La pregunta se hace para poder trascenderla, y esta trascendencia es fruto de una Consciencia que se ve a sí misma en todo lo que le rodea.

No hay que buscar dentro ni necesidad de proyectarse afuera. Aquí reside el concepto de Totalidad. En ella no existe dentro ni fuera, arriba ni abajo. Estas percepciones solo las tiene una mente que vive en la dualidad.

Entonces, la pregunta no es "¿Quién eres tú?" o "¿Qué soy yo?", sino "¿Qué Es?". Esta es la pregunta que se hace la mente que sabe que está en Todo y en cada parte. En realidad, no existe esta parte que hasta ahora llamaba yo o que llamaba tú. Es una ilusión, un experimentarse. En esta pregunta se encuentra toda la existencia y es ajena a la dicotomía.

La pregunta quién o qué es una pregunta dual que cree en la existencia de multiplicidad de seres. No comprende que, sin el otro, el yo no puede existir; ambos no están desligados, sino lo contrario. Entonces la respuesta siempre es SER.

¿Qué ES la existencia? Lo es Todo, no hay nada que esté ausente de este Todo. Todo existe a través del SER en Sí Mismo, para Sí mismo y para contemplarse en aquel que llamamos tú.

Cuando tú me dices que eres español, francés o alemán —por ejemplo—, yo solo sé que soy tú, y que somos mucho más que aquello con lo que nos identificamos. Solamente veo tu realidad y no tu proyección. Hago caso omiso de ella porque, desde el SER, la personalidad, el lugar donde vives y creces, es tu aula, la que tu alma ha elegido para experimentarse en esta vida fenoménica que el tú cree ser. Hablando de la ciencia, podemos decir que hasta ahora se ha movido en la materia, lo que vendría a ser la superficie de la conciencia. Más adelante se adentró en la energía, y llegó a decir que no existe la materia, sino la energía. Actualmente vamos más allá —ver Robert Lanza— y decimos que detrás de la energía está la conciencia. Como ya he explicado anteriormente de la mano del doctor David Hawkins, la conciencia está sustentada por la Consciencia, que es la que lo abarca todo, la que lo sustenta todo y la que da Vida a Todo.

La Consciencia es el SER, el Yo soy Tú. El YO.

La conciencia es el Tú y el Yo. Es el mundo fenoménico llamado vida que nos sirve para experimentar y nos prepara para el despertar.

Cuando tu conciencia está abierta a la Consciencia, comprendes algo trascendental:

"Solo existe la vida. El alma no puede experimentar la muerte porque no es sino una experiencia más de la Vida".

La Vida, el Ser, la Consciencia es la única realidad, inmutable y permanente en un incesante fluir de energía y de infinitas manifestaciones.

Conclusión: "No hay preguntas, no hay respuestas, todo Es por siempre".

El Tú pregunta: —Entonces, ¿quién eres tú?
El Yo responde: —Yo soy la Consciencia que lo incluye todo.
—¿Y todo lo que cambia? —pregunta el Tú.
—Todo lo que cambia es fenoménico —responde el Yo.

—Pero yo vivo el cambio; es más, muchas veces lo sufro.

—Cierto, estás en la capa más externa de la Consciencia, la que se llama conciencia. Este es el mundo llamado maya, ilusión, donde se experimenta el SER jugando a no ser.

—¿Y el tiempo? —pregunta el Tú.

—Para poder vivir en el mundo fenoménico hay que crear espacio/tiempo. Es como desbloquear un *winzip,* o como el orden explicado que se expresa a través del orden implicado o totalidad. También podemos decir que es una parte desplegada del *orden plegado.* Este último sería el SER.

En el estado de SER no existe pasado ni futuro. El paso del tiempo es una ilusión, una creencia para poder experimentarse separados. Sin tiempo no podría existir esta teórica separación. Mediante el despliegue del tiempo en sus tres facetas, el yo crea la ilusión de estar separado. El problema es que lo convierte en una realidad, que por supuesto es subjetiva. Es una especie de hipnosis en la que todos nos encontramos atrapados.

Pasado y futuro son inexistentes, solo existe el presente. El ego, la mente dual, se resiste a aceptar esto porque implica su desaparición. El ego nos habla de eternidad, pero en un contexto espacio/tiempo, en el que algún día llegaremos a aburrirnos.

Cuando hablo de Existir, no hablo de la posible no existencia. Es un concepto fuera del tiempo. Es por siempre, y siempre ES. Las palabras no me permiten expresarlo porque son duales y siempre aluden a algo separado, y así es como se interpretan. Son símbolos de símbolos, y están doblemente alejadas de la realidad, tal como dice *Un curso de milagros*.

El Tú dice: —Eh, tengo otra pregunta: ¿qué le ocurre al cuerpo cuando se produce esa toma de conciencia?

El Yo responde: —Como vengo diciendo, el cuerpo está en la superficie de la conciencia, es la materia de la cual estoy hablando.

En primer lugar, y como es lógico, la toma de conciencia afecta a la mente, que empieza a perder interés por todo lo que ofrece el mundo y todo lo relacionado con él. Las posesiones son un medio para estar en la experiencia, pero no son su objetivo. Hay menos deseos y apetitos. Las sensaciones corporales pasan a un segundo plano, pues la nueva percepción sustituye cualquier apetencia. Experimentar el Ser es vivir en plenitud y empieza a no haber nada que se le parezca. De todas maneras, ello no te priva de estar en el mundo, de tomarte una buena copa de vino con unos amigos ni de tener una charla con conciencia plena. La vida es un regalo de experiencia, y cuando nuestra mente está atrapada en la dualidad, simplemente la sufre.

La percepción del tiempo es totalmente diferente. Lo ves todo como a cámara lenta. Te parece que los demás van muy lentos. Tienes la sensación de que tienes tiempo para todo. Las personas que están a mi alrededor dicen que vivir conmigo es como estar en una batidora, que un año de estar conmigo es como cinco de los de antes. Yo no lo veía así si no contara con la referencia de los demás.

Lo que sí percibo es que tengo tiempo para todo. Si miro atrás, en un año de mi vida me parece que transcurren bastantes más.

Otras de las cosas que pasan es que se pierde el miedo. Hay una frase que a veces digo cuando me comentan que soy valiente: "Yo no soy valiente. Confío en el universo". En este estado no se comprenden las conversaciones humanas superficiales, el hablar por hablar, divertirse porque toca, etc. Por eso digo que soy de Júpiter, pues no me siento de este mundo, pero estoy en él.

Cuando observas a las personas, ves que van en pos de algo irrelevante, de algo que no necesitan, y que malgastan energías innecesariamente. Sufren y se sacrifican para conseguir algo y, cuando lo consiguen, tienen miedo a perderlo. Es un vivir sin vivir que agota hasta al más capacitado.

Al final, acabas tomando conciencia de que te has convertido en un observador, en un experimentador, en un testigo. Procuras vivir en ausencia de juicios.

Con todo ello, tu cuerpo se vuelve más sensible, incluso hipersensible. Si comparo mis sensaciones actuales con las anteriores, ahora son más exageradas. Sientes la energía, tu cuerpo reacciona al más mínimo pensamiento disonante o falto de coherencia. Tienes que estar más alerta porque el cuerpo refleja tu estado mental a cada instante. Cualquier situación que antes, si te dejabas llevar, era una simple molestia o cosquilleo, ahora puede ser un dolor furibundo. Sientes las emociones al instante en todo tu cuerpo, y tu mente alerta lo resuelve no identificándose y no dejándose llevar. Sabes a qué eres más sensible; tu cuerpo reacciona al instante, te avisa y tú tienes tiempo de soltar amarras y dejarte fluir en el mar de la Consciencia sabiendo que todo está bien.

Reflexiones sobre tus encuentros

"No olvides que lo que decidas que él [El Hijo de Dios] es para ti determinará tu futuro. Pues estás construyendo tu futuro ahora: el instante en el que todo el tiempo se convierte en un medio para alcanzar cualquier objetivo" (UCDM, T-25.III.9:8-9).

"No hay ni un solo instante en el que la santidad de tu hermano no se pueda ver y con ello añadir abundante riqueza a cada diminuto fragmento y a cada pequeña migaja de felicidad que te concedes a ti mismo" (UCDM, T-26.I.5:4).

"No busques fuera de ti mismo. Pues será en vano y llorarás cada vez que un ídolo se desmorone. [...]No busques fuera de ti mismo. Pues todo tu dolor procede simplemente de buscar en vano lo que deseas, y de insistir en que sabes dónde encontrarlo" (UCDM, T-29.VII.1:1-2,6-7).

CAPÍTULO 12
SISTEMAS DE CREENCIAS

Conformamos nuestras vidas alrededor de un sistema de creencias que actúan como dogmas y atrapan nuestras mentes.

Leyendo al insigne doctor David R. Hawkins se me ilumina la cara con una sonrisa cuando describe a esos buscadores espirituales que se alimentan de la creencia en la salud holística. Lo importante no es el nombre que se le dé, sino la creencia de que hay algo externo a ti que te puede hacer daño o que te puede amar.

> "Nada externo a ti puede hacerte temer o amar porque no hay nada externo a ti" (UCDM, T-10.I.1:1).

> "Tu mente es capaz de crear mundos, pero puede también negar lo que crea porque es libre" (UCDM, T-10.V.9:11).

David R. Hawkins nos dice: "Esta es la desventaja de la salud holística: un sistema de creencias que nos dice que hay muchas cosas que son perjudiciales para nosotros. Son perjudiciales para nosotros porque tenemos en mente que lo son. No existe tal cosa en el mundo *real*".

Creo que no es necesario hablar del efecto placebo y del efecto nocebo por ser archiconocidos. Ellos nos demuestran la capacidad de nuestra mente para transformar cualquier cosa, incluyendo la conversión de un alimento sanísimo en veneno y la inocuidad de un alimento tóxico.

Nuestro sistema de creencias está en conflicto porque contiene creencias irreconciliables. Esto nos mantiene en un estado de inquietud, de no saber qué hacer. Tenemos creencias que se oponen a otras, creemos que hay cosas buenas y malas. Establecemos una jerarquía de valores supuestamente justificados por un sistema de creencias.

Todas nuestras creencias, sean las que sean, son limitantes. No hay creencias que no contengan algún tipo de limitación.

Y la que nos limita desde el primer momento es la creencia en que soy un ego, un yo separado de todo lo demás. A partir de esta premisa fundamental en la conformación de este mundo, creo y fabrico todo un sistema de creencias a cual más limitante.

El ego nos mantiene atrapados en una enorme creencia que, si la mirásemos a la luz de la compasión, solo podría darnos risa: "Hemos ofendido a Dios y Él nos expulsó del Jardín del Edén. Ahora, para poder volver a casa, tenemos que hacer cosas que sean de Su agrado". Pero esto no puede ser fácil. El ego nos convence de que sí, de que podemos volver a casa del Padre, pero no sin esfuerzo y sacrificio. Entonces surge el *ego espiritual,* que nos mantiene enredados en un sinfín de cosas, haciéndonos creer que nos llevarán a casa.

No somos conscientes de que la Consciencia Divina es prístina, excelsa, impoluta y Ella solo puede verse a Sí Misma en Todos, pues somos la Expresión de esta divinidad. No alcanzamos a comprender que el Juicio Final es el final de todo juicio, pues para escapar de este mundo de dolor y de sufrimiento solo hay que hacer una cosa: dejar de juzgar. Los patrones de pensamiento que tenemos en la mente conforman sistemas de creencias. La culpa surge de la tendencia a juzgar y de las opiniones negativas. Las emociones negativas tienden a expresarse conjuntamente, de modo que todas ellas contribuyen a la enfermedad, incluyendo el orgullo, la ira, el deseo, el temor, la pena, la apatía y la culpa. Esta última, la culpa, es una forma muy sutil de tener razón. Es la arrogancia del ego sustentada por otra creencia aún más potente: "En Dios hay cosas que no pueden ser perdonadas".

UCDM nos dice: "En ninguna otra parte es más evidente la arrogancia en la que se basan las leyes del caos que como sale a relucir aquí. He aquí el principio que pretende definir lo que debe ser el Creador de la realidad; lo que debe pensar y lo que debe creer; y, creyéndolo, cómo debe responder" (T-23.II.6:1-2).

La creencia en la carencia me lleva a pensar: "Si yo tengo, tú no tienes". No somos conscientes de que aquello que no das es aquello que no tienes, y que nunca puedes quitarle nada a nadie, excepto a ti mismo.

"Recuerda que no careces de nada, excepto si así lo decides, y decide entonces de otra manera" (UCDM, T-4.IV.3:3).

La creencia en el contagio se sustenta en una infinidad de leyes científicas que la demuestran. La ciencia no contempla que hay vibraciones que van más allá de estas creencias limitantes, vibraciones sustentadas por la Compasión. Si realmente quieres ser inmune, ten una mente libre de juicios. Los juicios siempre nos aprisionan y necesitan ser justificados por un sistema de creencias que yace oculto en nuestro inconsciente. Estas creencias acaban manifestándose en nuestras vidas en forma de circunstancias dolorosas, y en nuestro cuerpo en forma de enfermedades.

"Si estás dispuesto a renunciar al papel de guardián de tu sistema de pensamiento y ofrecérmelo a mí, yo lo corregiré con gran delicadeza y te conduciré de regreso a Dios" (UCDM, T-4.I.4:7).

Un yo que se reconoce en todos sus hermanos es un yo que deja de juzgar al instante. Transforma la percepción dual en una percepción holística de unicidad, y se convierte en una mente inocente porque no tiene conciencia del mal, pues no existe para ella. El mal solo existe en la mente dual, en la mente que juzga y se juzga para justificar cualquier cosa que le haga al otro. El mal solo se manifiesta en el mundo de la ilusión, en maya, donde la principal creencia es que hay una fuerza que puede oponerse a la divinidad. Creer que hay un poder que se puede oponer al Poder es idolatría. Solo existe el Poder, y todo lo que no sea Él es ilusión, sueño, irrealidad.

Toda nuestra historia, la historia de la humanidad, está repleta de episodios espeluznantes de horror y muerte, de guerras sin piedad y genocidios, y todos ellos fueron justificados por un bien mayor o para servir a un dios.

Todos nosotros, los creyentes, somos hijos de un dios menor, de un dios iracundo que exige sacrificios y adoraciones. Es un dios que nos impulsa a hacer guerras santas, a calumniar a todos aquellos que piensan diferente, a quemarlos, a ajusticiarlos, creyendo que de esta manera limpiamos el mundo.

Nuestro mundo es una locura atrapada en un sistema de creencias que nos enloquece y nos tiraniza. Estamos solos, desamparados, tenemos que hacer todo lo posible para tener, porque si yo tengo, el otro no tiene. Nace una competencia en la que no hay que mostrar debilidad; decido guardar información porque sé que me da poder.

Este mundo solo perpetúa los problemas con los que queremos acabar. Medio mundo hace régimen y el otro medio se muere de hambre. Surgen más y más cruzadas contra la enfermedad, contra el hambre, contra la guerra, contra las injusticias y nunca en la historia reciente se recuerda a tantos desplazados por contiendas que nunca tienen fin. Justificamos la existencia de *guetos* para protegernos del terrorismo, y no nos damos cuenta de que nosotros mismos lo estamos alimentando. Estamos locos en un mundo demente. La cordura y el diálogo brillan por su ausencia: solo hay posturas radicales que se confrontan una y otra vez. Hacemos leyes para justificar nuestros desmanes y luego decimos que estamos sujetos a ellas. Solo cambiamos aquello que nos conviene, sobre todo a nosotros, dejando aparte a todos aquellos que no piensan igual. Mentimos, tergiversamos los hechos, los maquillamos, los justificamos, los ajustamos, siempre intentando manipular y controlar para sentirnos seguros.

Llegamos a decir cosas como: "Gracias, Señor, por no tener que pasar por estas penalidades ni por estos horrores. Gracias, Señor, por mantenerme sano y a salvo de la enfermedad".

"La mente es muy poderosa y jamás pierde fuerza creativa. Nunca duerme. Está creando continuamente. Es difícil reconocer la oleada de poder que resulta de la combinación de pensamiento y creencia, la cual puede literalmente mover montañas" (UCDM, T-2.VI.9:5-8).

"El mundo que vemos refleja simplemente nuestro marco de referencia interno: las ideas predominantes, los deseos y las emociones que albergan nuestras mentes" (UCDM, Prefacio, p. xiii).

El Estado de Alerta

Hay que mantenerse alerta ante los pensamientos que abriga nuestra mente y ante cómo los utilizamos a cada momento. Hay que mantenerse alerta, pues en cada instante tengo la oportunidad de redirigir el instante siguiente. Todo tiene un sentido, y cuando estoy viviendo una experiencia, lo que yo determine que esa experiencia es en ese instante, determinará el instante siguiente y marcará una dirección. Una mente en estado de alerta es una mente que está abierta al Campo de la Consciencia y convierte este instante en santo.

En el estado de *yo soy tú* siempre sabes que todo encuentro es contigo mismo, por muy desagradable que sea. Comprendo que mi vida tiene un propósito, un para qué. No trato de comprender cuál es el propósito. Solo vivo de instante en instante con la certeza de que estoy donde debo estar, porque mi mente se mantiene ocupada en lo que hace a cada instante, sabedora de que ese es el predecesor del siguiente en una línea espacio/temporal que no puede ni imaginar.

Este estado de alerta activa el observador que observa al observador, sabiendo que el observador es la manifestación de la conciencia y que lo que lo observa es la Consciencia Misma. Yo puedo trasladarme mentalmente al estado Consciente cuando dejo de lado toda presuposición, toda suposición, todo juicio, todo deseo de controlar cómo me gustaría que fueran las cosas.

En este estado de alerta empiezan a trascenderse las creencias, que se ven como herramientas de convivencia, porque las necesitamos para justificar nuestros actos y mantenernos en la línea que separa el bien del mal. Queremos ser justos. ¿Con quién?, pregunto yo. Solo puedes ser justo contigo mismo, pues tal como consideres al que llamas tú, tal como lo trates, así te considerarás y te tratarás a ti mismo. *Un curso de milagros* nos recuerda que "[...] en tus semejantes o bien te encuentras a ti mismo o bien te pierdes a ti mismo" (T-8.III.4:5).

Un truco al que siempre recurro para vivir de instante en instante es *la mente de tortuga*. Como ya sabemos, la liebre corre mucho más que la tortuga, es muy rápida con relación a ella. Lo que no sabe la liebre es que ser veloz no es importante, lo importante es cuán lejos llegas. La tortuga vive muchos más años que la liebre, y cuando esta muere, ella sigue andando sin parar, y al final de la vida el camino que ha recorrido es muy extenso.

Si traslado esta analogía a mi mente, puedo decir que, cuando estoy en modo liebre, la ansiedad se apodera de mí y el tiempo se encoge. Cuando estoy en modo tortuga, entro en un estado donde el espacio y el tiempo se dilatan, y mi trabajo cunde muchísimo. Ni que decir tiene que el estado mental de la tortuga siempre es más beneficioso para mi salud física y mental.

El mundo dual, en el que todo se ve separado, se trasciende cuando vives con la certeza de que solo puedes encontrarte con otra parte que también eres tú mismo, sencillamente porque ambos somos una unidad. Mantenerse en estado de alerta es mantenerse en el estado yo soy tú.

"Ni uno solo de los Pensamientos de Dios tiene sentido en este mundo. Y nada de lo que el mundo acepta como cierto tiene sentido alguno en Su Mente". "Si una sola de las creencias que en tanta estima se tienen aquí fuese cierta, entonces todo Pensamiento que Dios jamás haya tenido sería una ilusión. Pero si uno solo de Sus Pensamientos es cierto, entonces todas las creencias a las que el mundo otorga significado son falsas y absurdas. Esta es la decisión que tienes ante a ti." (UCDM, T-25.VII.3:3-4,7-9).

Tengo que limpiar mi mente de cualquier identidad y dejar de identificarme con cualquier valor de este mundo. Todos, absolutamente todos, son falsos. Esto no quiere decir que no tengas familia, ni que no tengas el deber de mantenerla y cuidarla, ni que no te guste que gane tu equipo favorito; todo eso está muy bien, pero no es verdad. Cualquier apego te llevará al dolor y al sufrimiento. Estate en el mundo, pero no pertenezcas a él. Vive en el mundo; sé un espejo limpio y veraz en el que todos puedan verse a sí mismos. Recuerda: todo es efímero.

"Justificar uno solo de los valores que el mundo apoya es negar la cordura de tu Padre y la tuya" (UCDM, T-25.VII.4).

Observo el mundo y ¿qué es lo que veo? Dolor, carencia, iniquidad, violación, robos, enfermedad, muerte, sufrimiento, egoísmo por doquier. Y todo esto se debe a una emoción que lo engloba todo: el miedo. Decir que el mundo es demente es acertar de lleno; sobre todo el mundo del ego, donde cada uno persigue un sueño de felicidad inalcanzable. El ego promete, pero no da; su forma de operar es dar para obtener, y él pide fidelidad a su forma de pensar.

Ante este mundo, solo tienes dos opciones, o lo reafirmas con tu miedo y con la creencia en la separación, o contemplas la santidad y la esperanza con la certeza de que tu forma de ver colapsará el mundo y dará lugar a otro estado de cosas. La primera opción siempre se basa en *yo no soy tú,* y la segunda es la que te estoy proponiendo en este libro: *Yo soy Tú.*

Estar en el Yo soy Tú es tener plena conciencia de que mi forma de percibir, mi forma de ver, refuerza un tipo de mundo. Mi percepción resuena en el Campo de la Consciencia, creando situaciones y hechos que permiten seguir reforzándola.

"La creencia de que es posible perder no es sino el reflejo de la premisa subyacente de que Dios está loco. Pues en este mundo parece que alguien tiene que perder porque otro ganó. Si esto fuese cierto, entonces Dios estaría loco" (UCDM, T-25.VII.11:1-3).

En realidad, no soy víctima de los virus, de las enfermedades ni de los accidentes, ni de nada que se le parezca. Todo está en mi mente, ella es la que debe ser sanada. Hace falta un alto nivel de conciencia para aceptar que la mente tiene tanto poder. Nada sucede por casualidad. No es el cuerpo el que necesita curación, sino la mente. El cuerpo necesita tratamiento, que es algo muy diferente. Una mente sanada opera en la modalidad $1 + 1 = 1$ —holística— y el cuerpo hay que tratarlo con una mente que opera en la modalidad $1 + 1 = 2$ —dual—. El cuerpo está sujeto a las leyes de la dualidad, en las que tú y yo estamos separados. La mente sanada, con una conciencia abierta al campo de la Consciencia, siempre sabe que Yo soy Tú.

El doctor David R. Hawkins nos cuenta en sus libros la serie de enfermedades por las que pasó. Él despertó a la Consciencia, y una de las causas de su despertar fue que conoció a un grupo de estudiantes de *Un curso de milagros*. Tal como explica en *El ojo del yo,* en aquel tiempo estaba estudiando y analizando, entre otras cosas, las valoraciones de diversos textos sagrados. En otro de sus libros nos dice:

"Años después, participé en grupos de *Un curso de milagros* y me sorprendió descubrir que los pesticidas ya no me producían migrañas. Entré directamente en una casa que había sido rociada, y de repente *supe* que ya no estaba sometido a los sistemas de creencias."

Y añade:

"Dentro de cada uno de nosotros está esa inocencia innata que nunca muere, por más tiempo que vivamos; es intrínseca a la naturaleza de la conciencia.

Esta inocencia infantil es la que compró el error o el programa negativo originalmente. Es conveniente ser conscientes de que esta inocencia infantil intrínseca sigue estando presente en todos".

Pero en mi consulta veo cada día que las personas que vienen están en la mente justificativa. Dan explicaciones a sus desencuentros, a sus males. Cuando se les pregunta en qué escenario están cuando se les manifiesta tal o cual síntoma, no tardan en dar explicaciones de por qué les pasó aquello. Están en su historia, en su proyección, en su justificación, en el hacer. No paran de dar explicaciones, no entran ni por un instante en un espacio de silencio y reflexión que les permita observar la situación sin juicio y sin culpabilidad para poder verla libremente.

Como diría David Hawkins, vivimos la mitad de la vida hipnotizados por nuestras creencias y nuestras explicaciones. Nuestros programas, nuestras creencias, han sido depositados en nuestra mente —en nuestro inconsciente—, por las fuerzas de la psique familiar y colectiva, porque en su inocencia estaba abierta a todo lo que nos enseñaban.

Tenemos que cuestionar cualquier valor, cualquier creencia, sin caer en la trampa del juicio: esto está bien, esto está mal.

El perdón es el gran antídoto para cualquier enfermedad. Entrenar y habituar la mente a estar en el estado de presencia es un requisito fundamental para entrar en el proceso de curación.

Hay personas, que se autodenominan espirituales, que cuando están en una situación que no les gusta dicen cosas como: "Ahora estoy en la oscuridad". No son conscientes de que niegan su luz, de que siempre estamos frente a nosotros mismos y a nuestros juicios. Esta actitud nos obliga a vivirlos, pues les estamos dando forma y haciendo que colapsen en nosotros. Nuestro campo energético está creando nuestra realidad. La curación es el resultado de estar dispuesto a aceptar que esto es así y que somos los únicos responsables. Hay que soltar los sentimientos negativos de baja vibración porque nos llevan al colapso del organismo. La conciencia nos enseña que todo lo que vivimos en nuestra vida es consecuencia de la manipulación de nuestra inocencia. Es urgente que el yo de cada uno recupere esta inocencia dejando de juzgarse y de juzgar a los demás. Desarrollar la compasión y la comprensión al observar a nuestros ancestros es liberarlos, porque, como ya sabes, todos somos Yo.

Un curso de milagros nos enseña a tener una Percepción Inocente:

"No hay ni un solo instante en el que la santidad de tu hermano no se pueda ver y con ello añadir abundante riqueza a cada diminuto fragmento y a cada pequeña migaja de felicidad que te concedes a ti mismo" (UCDM, T-26.I.5:4).

"Dios no cree en el castigo. Su Mente no crea de esta manera. Dios no tiene nada contra ti por razón de tus *malas* acciones" (UCDM, T-3.I.3:4-6).

Desde el punto de vista dual de un yo separado de un tú, estas frases no tienen sentido. El ego siempre busca culpables. En su forma de ver y entender el mundo, no cabe la posibilidad de que las cosas que me ocurren tengan que ver conmigo. Él siempre proyecta la culpabilidad, y este es el motivo de que en este mundo vivamos en la separación.

"[...] juzgar implica que abrigas la creencia de que la realidad está a tu disposición para que puedas seleccionar de ella lo que mejor te parezca" (UCDM, T-3.VI.2:12).

Cuando vivo en la certeza de que Yo soy Tú, el ego empieza a perder fuerza progresivamente. A la luz de esta verdad, tomas conciencia de la creencia increíble que es el ego.

Estoy viendo una película sobre la ocupación nazi en París, y en ella se dice: "Si quieres conocer verdaderamente a alguien, haz una guerra". En la película, los nazis están en una localidad cerca de la capital y se aposentan en las casas de los vecinos. Aquí empieza la historia del ser humano y del ego en toda su plenitud. Denuncias de unos contra otros, traiciones, abusos, engaños. En el colmo de —no sé qué palabra poner— muchos pasan hambre y otros tienen de todo, pues viven en el *chateau* del señor alcalde. Una noche, su mujer pilla a un vecino robando unos pollos. La mujer increpa a su marido, pidiéndole que haga algo y lo denuncie. Así lo hace y, al ir los nazis a detener al ladrón, este se defiende, mata a un oficial y consigue huir. El comandante nazi detiene al alcalde y le dice: usted es el responsable de todo, pues es su alcalde. Si no encontramos al ladrón en 48 horas, le fusilaremos. No hace falta añadir que lo fusilaron. A raíz de este pequeño robo, al que se le dio una importancia vital —el alcalde ya le había dicho a su señora: "déjalo estar, no importa"— murieron una serie de personas. ¡¡Y todo por un par de pollos!!". Es para morirse de risa, si la cosa no fuera tan dramática. Pero lo cierto es que sonreí. Muchas veces lamentamos que no sabemos por qué nos suceden las cosas. Estamos sembrando constantemente en el jardín del Campo de la Consciencia y esta nos ofrece nuestros frutos.

"El secreto de la salvación no es sino este: que eres tú el que se está haciendo todo esto a sí mismo" (UCDM, T-27.VIII.10:1).

Un espacio para reflexionar sobre el alcance de las creencias

"El pensamiento no se puede convertir en carne excepto mediante una creencia, ya que el pensamiento no es algo físico" (UCDM, T-8.VII.7:4).

"Pues vuestras creencias convergen en el cuerpo, al que el ego ha elegido como su hogar y tú consideras que es el tuyo." "El ego se une a una ilusión de ti que tú compartes con él" (UCDM, T-23.I.3:3,5).

"Ninguna creencia es neutra. Cada una de ellas tiene el poder de dictar cada decisión que tomas" (UCDM, T-24.Intro.2:3-4).

"Pero la mente que cree ser un cuerpo, ciertamente está enferma" (T-25.Intro.3:2).

"Puesto que crees estar separado, el Cielo se presenta ante ti como algo separado también" (T-25.I.5:1).

"La salvación no es más que un recordatorio de que este mundo no es tu hogar. No se te imponen sus leyes, ni sus valores son los tuyos. Y nada de lo que crees ver en él se encuentra realmente ahí" (T-25.VI.6:1-3).

"El Hijo de Dios no está encadenado por nada excepto por sus propias creencias". (UCDM, L-277.2:2).

"Tú no puedes ser tratado injustamente. La creencia de que puedes serlo es solo otra forma de la idea de que es otro, y no tú, quien te está privando de algo" (UCDM, T-26.X.3:2-3).

"Puedes esclavizar a un cuerpo, pero las ideas son libres, y no pueden ser aprisionadas o limitadas en modo alguno, excepto por la mente que las concibió. Pues esta permanece unida a su fuente, que se convierte en su carcelero o en su libertador, según el objetivo que acepte para sí misma" (UCDM, T-19.I.16:4-5).

NO EXISTE UN **YO** Y UN **TÚ**.
SOLO EXISTE UN YO EXPRESÁNDOSE,
EXPERIMENTÁNDOSE A SÍ MISMO Y EN SÍ MISMO,
A TRAVÉS DE UNA INFINIDAD DE CONCIENCIAS
PARA VIVIR LA GRANDEZA DE LO QUE SOMOS
Y NUNCA PODREMOS DEJAR DE SER.

NO HUYAS → ¡¡MUÉVETE!!
NO BUSQUES→ ¡¡EXPERIMENTA!!
NO VAYAS → ¡¡SÉ TÚ MISMO EN TODO!!

NO PREGUNTES → ¡¡TÚ ERES LA RESPUESTA!!

NO JUZGUES → ¡¡PUES ES IMPOSIBLE LIBERARTE DE DICHO JUICIO!!

NO EXISTE EL OTRO → ¡¡SOLAMENTE EXISTE UN MAR DE CONCIENCIA!!

TÚ NO ERES UNA GOTA EN UN MAR → ¡¡ERES EL MAR!!

NO TENGAS MIEDO →¡¡LO QUE TE DA VIDA TE SUSTENTA!!

Enric Corbera

CAPÍTULO 13
HABLA SOLO DE TI MISMO

Una manera —creo que óptima— de cambiar nuestra programación inconsciente, y por lo tanto nuestra percepción y nuestra neurología, es cambiar la manera de verbalizar nuestra vida.

Estamos acostumbrados a explicar casi siempre los acontecimientos y nuestras experiencias hablando del otro, de algo externo a mí. Decimos cosas como: "Mi padre nunca me escucha", "En la empresa no valoran mi trabajo", "Mi marido no me quiere", "Mi novio me engañó con otra", "El coche de un conductor borracho se abalanzó sobre mí".

Siempre digo a mis clientes y a mis estudiantes que, si realmente quieren tomar conciencia de sus programas inconscientes y de en qué modo operativo se encuentran en cada momento, tienen que verbalizar los hechos y los acontecimientos siempre desde sí mismos. Por ejemplo, continuando con las frases anteriores: "Yo no me escucho a través de mi padre", "Yo no me valoro en mi empresa y en mi vida", "Yo no me quiero, no me respeto en relación a mi marido", "Me estoy engañando a mí misma con relación a mi novio", "Nadie choca conmigo, soy yo el que tengo que parar". Como se ve, no es lo mismo en absoluto. Esta forma de verbalizar cada situación de mi vida me ofrece una percepción de los hechos en la que la responsabilidad recae sobre mí.

La pregunta que siempre deberíamos hacernos es "¿Para qué?", y no "¿Por qué?". La primera siempre nos lleva a nosotros, la segunda siempre nos lleva al otro, al exterior.

El para qué se deriva de una conciencia que comprende que todo tiene una razón de ser, que normalmente es una proyección de nuestros programas internos. Esta forma de preguntarnos demuestra una madurez emocional libre de victimismo y de proyecciones de culpabilidad sobre el otro.

Procurar que nuestros diálogos internos se expresen de esta manera nos permite realizar cambios en nuestra neurología, porque tenemos otra percepción de las cosas y los acontecimientos.

El Tú: —¿Por qué debo pensar de esta manera? ¿Yo soy el culpable de todo?

—Ya estamos otra vez con la culpabilidad. ¡Mira que te gusta! No eres culpable de nada, pero sí eres responsable de tus pensamientos y sentimientos, que son duales. *Un curso de milagros* nos dice que el espíritu nos enseña —nos hace tomar conciencia— mediante opuestos y lo hace de esta manera porque creemos estar separados —responde el Yo.

—¿No existen los accidentes? —pregunta el Tú.

—Tal como los entiendes, no. Existen experiencias que llamáis accidentes, pero no olvides que todo tiene un sentido.

—¿Soy yo quien escoge mis relaciones? —vuelve a preguntar el Tú.

—Más bien diría que tú eres quien las atrae. En el universo todo es vibración, y cada vibración resuena con otras complementarias y afines. Las polaridades y su atracción es una ley fundamental del universo. Puedes verlo en la química y en sus leyes. Muchas veces dices de una relación: "Tienen buena química". Muchas veces tu inconsciente se expresa en tus palabras.

—Entonces, si hablo de mí mismo con relación al otro, ¿qué dices que consigo?

—Conocerte a ti mismo gracias al otro que, como ahora ya sabes, es tu polaridad complementaria. En el universo no puede haber pequeñas oscilaciones de información. Todo es muy exacto y preciso. En la medida en que no te respetes, en esa misma medida no serás respetado, ni un gramo más, ni un gramo menos.

—¿Y si un accidente lo tienen muchas personas?

—Vuelvo a repetirte que no hay casualidades en el universo. *Un curso de milagros* dice: "todo aquel que está involucrado en una situación, está haciendo el papel que le corresponde". Es más, muchas veces nadie vive del mismo modo un mismo accidente, incluso si todos mueren.

—Las guerras me tienen muy preocupado. ¡Cuántas muertes, cuánto sufrimiento! ¿Y todos los que las experimentan están en resonancia?

—Sí, todos y cada uno de ellos. Esto es así porque las mentes resuenan colectivamente. Están como hipnotizadas por creencias y valores, que acaban manifestándose en un momento crítico porque el sistema no resiste más. También sabes que cada cual vive un mismo conflicto de manera muy diferente.

Vivir con este pensamiento de que solo te puedes ver a ti mismo a través del otro te liberará de mucho dolor y sufrimiento. Te permitirá cambiar tu vida y hallar un estado de paz interior porque te liberas de culpabilidades.

"No hay nada a tu alrededor que no forme parte de ti. Contémplalo amorosamente y ve la luz del Cielo en ello" (UCDM. C-23. Intro.6:1-2).

CAPÍTULO 14

MORIR ANTES DE MORIR

Voy a empezar este capítulo con una historia estremecedora, una historia que la vida ha querido que experimente a través de otra persona, y esta a su vez la experimenta a través de mí. Refleja perfectamente el título del libro y de lo que estoy desarrollando en él.

Creo que no hace falta decir que oculto nombres y datos relevantes para evitar que algún lector deduzca quién es esta persona. Relato:

Se trata de una mujer de mediana edad que está pasando consulta conmigo desde hace varios años. Su diagnóstico es un cáncer con diferentes metástasis. Tiene dos nacionalidades y es de origen judío.

En un proceso que duró casi un año revelamos todos los secretos de su árbol genealógico. Yo le guiaba en este camino, y el propio trabajo de desentrañar y revelar los tremendos sufrimientos de su clan le llevó a tomar conciencia de que sus abuelos fueron gaseados en un campo de exterminio nazi.

Esta revelación se produjo de la siguiente manera: Estaban preparándola para hacerle el tratamiento pertinente. Ella iba con la bata reglamentaria y debajo solo tenía sus braguitas. "Me sentía desprotegida, desnuda, impotente frente al tratamiento que iban a realizarme; el ambiente era frío. En este momento la enfermera se acercó a mí y me puso una especie de pegatina con algo escrito encima de la piel, cerca del hombro izquierdo. Tuve un ataque de histeria y grité: 'Sácame esto de aquí, ¡¡¡sácamelo!!!' La enfermera así lo hizo, sin comprender muy bien lo que pasaba".

Ella tomó conciencia. Como un *flash*, vio y sintió lo que les pasó a sus ancestros judíos —abuelos—, desnudos ante la cámara de gas. Su inconsciente familiar guarda toda la información en forma de engramas: indefensa, casi desnuda, con sensación de frío y ante un tratamiento agresivo —que su creencia hacía aún más agresivo— y que casi representaba la muerte.

Hizo un trabajo de perdón profundo y la vida, el Campo de la Consciencia, le dio la oportunidad de practicarlo. Veamos lo sucedido:

Ella era traductora. Un día se le presentó un señor para que le tradujera ciertos documentos. Al verlos, ella se dio cuenta de que se trataba de recuperar su nombre original. No dijo nada.

En la siguiente visita, ella se atrevió a preguntarle por el motivo de su cambio de nombre. Él le explico que su nombre era alemán y quería recuperarlo. Sus padres le habían puesto otro al huir de Alemania. Le explicó que su abuelo estuvo en un campo de exterminio nazi... Dejo al lector que haga sus interpretaciones, pero mi cliente y yo, sabiendo cómo funciona el Campo Cuántico, enseguida nos dimos cuenta de que sus abuelos estuvieron allí, cada uno en su papel. Ella se encontró de repente enseñándole a perdonar, y se lo decía en nombre de los judíos. Fue una experiencia transformadora, como todos podemos imaginar. Su proceso seguía, sus síntomas empeoraban y pensaba que iba a morir pronto. Pero no fue así: me envió un *mail* pidiéndome consejo y explicándome sus últimas averiguaciones, además de preguntarme por el significado de los síntomas que se estaban manifestando en ella. Yo le contesté:

Querida amiga,
La panza, la barriga, acumula todos los problemas familiares que no queremos eliminar. No sé exactamente qué tejidos están afectados, pero representa la protección y también las porquerías del clan familiar. Asimismo, es posible que te sientas totalmente fuera de lugar, como si fueras una prófuga, una apátrida. Esto tendría su razón de ser en lo que me contaste de tus abuelos y el holocausto nazi.

Querida amiga, debes estar limpiando mucho dolor y sufrimiento. Tuvo que haber abandono de la familia, y tus abuelos sufrieron muchísimo con la pérdida o alejamiento de su familia. Ellos callaron para que no descubrieran a sus familiares y con su muerte los protegieron. Medita y siente la posible historia de horror que pudo haber. Un abrazo enorme.

Enric

241

Me respondió con otro *mail,* del que solo transcribo unos párrafos:

Tenías razón en lo referente a la panza y el dolor de mis abuelos. Mi abuela enviaba 10 dólares —mucho dinero en 1940— cada mes a su madre y hermanos que estaban en Polonia. Ellos, por ser judíos, no tenían derecho a trabajar, ni los niños a ir a la escuela. Mi bisabuela llegó a decirle que no mandase más cebollas, pues llegaban podridas... Después sufrieron la expropiación total de su casa y tierras. Te lo confirmo, sí, mi abuela ha sufrido muchísimo en el destierro.

En tu mail dices: "Puede ser también que te sientas totalmente fuera de lugar, como si fueras una prófuga, una apátrida". ¿Sabes lo que significa el nombre XXXXX? ¡La extranjera! Y creo que, en cierto sentido, siempre me he sentido así.

Su penúltimo correo fue:

En un momento de calma decidí largar todo, absolutamente todo. Soltar, tal como dice David R. Hawkins. Escribí una carta póstuma a mi marido, hijos y hermanas dando los detalles sobre mi incineración y pidiendo a mi hija, que estaba en el extranjero, que no viniese, y que me haga una ceremonia en una sinagoga en XXX, y que la filmen para que mi marido e hijos puedan presenciarla. Cancelé todos los pedidos de traducción e interpretación pendientes, pedí a mi contable que declare facturación 0 durante estos meses... Bueno, en fin, cerré TODO y me abandoné completamente al deseo del Universo.

También quería decirte que, desde finales de agosto, mi familia volvió a XXX, y por decisión propia decidí quedarme en el sur. Al agravarse la situación todos querían venir, pero se lo he prohibido. Estoy muy bien sola. Estar sola me permite una conexión plena con mi alma, no desperdiciar mis pocas energías y, sobre todo, hacer en cada instante lo que realmente deseo. Mi familia lo ha entendido perfectamente, pero qué difícil es para los demás entender, incluso en este caso, la felicidad de estar solo...

El personal hospitalario me brinda muchísima ternura y cariño, incluso la oncóloga, a quien le cuesta entender mi decisión de querer estar sola. Este fin de semana quería llevarme a su casa para que no me quedase sola. ¿Te das cuenta? ¡Algo inimaginable y contrario al código deontológico!

También quería comentarte que no solo has despertado mi Consciencia y, progresivamente, la de mi familia, sino también la de mucha gente que me rodea y que, gracias a tus enseñanzas, han tomado Consciencia y han hecho cambios espectaculares en sus vidas.

Ella sigue pensando en el futuro por una sencilla razón: en este proceso de soltarlo todo ha conocido a dos mujeres que le acompañan, y cada una de ellas le ha explicado que tuvieron que dejarlo todo para ser coherentes consigo mismas, y que ahora son otras mujeres. Murieron a una identidad que no resonaba con sus almas y ahora están sanas y dedicándose al propósito de sus vidas. En su último correo me cuenta:

Fue en este cruce de caminos donde las 3 nos hemos conocido, y evidentemente no es casual. Ellas son férreas lectoras tuyas y también transmisoras de tu saber. Las tres esperamos que vengas a impartir tus conocimientos a Francia, donde las conciencias se están abriendo progresivamente.

Te cuento esto porque estoy segura de que en algún momento tendrás el placer de conocerlas. Un fuerte abrazo.

Y para concluir este relato, añado un párrafo que le envió una prima suya, y que ella me reenvío a mí. Nunca olvides que Yo soy Tú, todo es un reflejo de lo mismo. Con todo mi amor:

Pero verdaderamente considero, y creo que te lo mencioné, que vos no sois cualquier persona.

Quiso el Universo, quiso Dios, que te erigieras en este planeta como un Ser Centro, entre todos los seres, con una misión inmensa y difícil: crear Consciencia entre todos nosotros, los que habitamos este planeta, limpiar un árbol genealógico intrincado, lleno de secretos y difícil de desentrañar.

Y lo hiciste. Es por esto que creo que ya no hay solo un sol que rige este Sistema nuestro, dentro de nuestra galaxia.

En la tierra se han formado otros soles, solo que no los vemos.

Te llamé Sol, porque tú eres uno de ellos. ¿Por qué? Porque has iluminado muchas Consciencias y has logrado de nosotros cosas hasta entonces imposibles.

Es Navidad. Ayer leí un correo de una de sus hermanas comunicándome que ella —mi amiga y antes cliente— había cerrado los ojos. Me daba las gracias por la transformación que ella misma había vivido y por el cambio que había provocado en toda la familia.

Durante la noche del 24 al 25 sentí que debía contarles una historia muy íntima para transmitirles que solamente existe la vida, y que la muerte no es real.

Apreciadas D. y C., como ya os podéis imaginar, una experiencia como la que os he contado cambia la vida a cualquiera. Es una prueba de que solamente existe la Vida —con mayúsculas—, que el alma sigue un camino hacia el despertar y la unión definitiva con la divinidad.

La muerte no es un fracaso, es un proceso hacia la vida y nuestra estancia aquí en la Tierra es como un aula para tomar conciencia.

Vuestra hermana B no solo aprobó el examen, sino que sacó una nota alta. Ahora ella tiene otro nivel de conciencia, y su alma se fue en paz con los deberes cumplidos. Su partida no es un adiós, es un premio a su gran amor por el trabajo realizado y una esperanza abierta para toda vuestra familia.

Ahora, apreciadas D y C, os toca vivir vuestras vidas con la dignidad que vuestra hermana os mostró. Os deseo toda la Paz en vuestros corazones y recibid la gratitud de una persona que se siente en deuda con B. por lo mucho que aprendió de ella.

"Solo existe la vida, el Espíritu no puede experimentar la muerte porque esta solo es una experiencia de vida".

De todo corazón:

Enric

Recapitulación

En mis consultas y en mis libros explico reiteradamente la importancia de hacer una cuarentena —periodo de reflexión y de aislamiento para conectar con uno mismo— como consecuencia de una toma de conciencia, de una Comprensión que va más allá del razonamiento intelectual. Como consecuencia de este acto de toma de conciencia, la persona libera una enorme energía que produce nuevas conexiones neuronales; estas necesitan un período de consolidación y por eso tiene sentido hacer un retiro.

En muchas ocasiones me he encontrado con que la cuarentena ha sido mal interpretada: muchos piensan que la cuarentena les curará y la realizan, pero llevándose consigo en su mente a las personas y situaciones de las que tienen que desapegarse. Como consecuencia, no solo no mejoran, sino que empeoran, pues la viven con dolor y sufrimiento. Las palabras de mi amiga en el relato anterior reflejan perfectamente lo que quiero explicar.

Mi intención es doblar la flecha espacio/temporal que dirige a mi cliente en una dirección. Solo podemos doblar el espacio/tiempo si cambiamos nuestras emociones y sentimientos con relación a ciertos acontecimientos traumáticos de nuestras vidas. En muchas ocasiones, mover a los ancestros y sus programas ocultos genera un auténtico terremoto emocional, que lleva a la persona a procesos dolorosos. Liberar tanta carga energética requiere una mente libre y un corazón que irradie perdón y compasión.

En la cuarentena, la gente se libera de estas cargas emocionales, reinterpreta su vida, le da otro sentido y, sobre todo, libera la culpabilidad inconsciente del clan.

Estas personas se convierten en auténticas salvadoras del mundo. Su transmutación atraviesa el espacio/tiempo, y la humanidad se libera de muchas cargas inconscientes. Esto es posible por una simple razón: no existe un Yo y un Tú, solo existe un Nosotros unidos por una Energía Universal que ve y siente Todo como UNO.

Que la persona se cure de sus heridas, de sus dolores, tiene una importancia relativa. Lo que se persigue con la toma de conciencia es sanar la mente y transformar las informaciones que hacen sufrir al clan y le hacen repetir las mismas historias una y otra vez.

Reflexiones

"Cuando veo que no soy nada, esto es sabiduría. Cuando veo que soy Todo, esto es Amor. Entre estos dos valles, mi vida fluye."[1]

Deja de hacer lo que los demás esperan que hagas. Empieza a ser aquello que sientes que quieres ser.

No hay nadie a quien contentar, no hay nadie a quien servir, solo existes expresándote a ti mismo en todo lo que te rodea. No existe el "yo hago y tú recibes", todo es dar y recibir en un flujo de energía omni envolvente. No hay principio ni fin. Todo es permanente en un Ahora, en un proceso de transformación que el ego hace que vivamos como si estuviéramos separados. Cuando te descubres como conciencia, el miedo a la muerte deja de estar presente. Quizás tengas miedo a cómo morirás; deja esto en manos de la Consciencia. Pero no puedes experimentar la muerte porque tú eres vida.

El Tú dice: —Es que tengo miedo a sufrir cuando experimente la muerte.

—Maharaj nos dice: "No estás experimentando sufrimiento, estás sufriendo tu experimentar" —responde el Yo.

—¿Quién soy yo? —pregunta el Tú.

—Pregunta errónea —dice el Yo—. La pregunta correcta es: "¿Qué Es?". Solamente hay Existencia, la cual no tiene principio ni fin, es el alfa y el omega.

—Pero... pero mi vida...

—No hay una vida, y otra vida, y otra vida... Solo existe La Vida. Ella se experimenta a través de una infinidad de partículas que aparentemente mueren y aparentemente recobran la vida, y esto es lo que el ego llama reencarnación. Eres una llama de conciencia experimentándose en un mar de Consciencia.

»Recuerda llamita: tú te identificas como separada de lo que te rodea, pero tú no eres tú, simplemente eres YO. Vive tu experiencia, vívela como una oportunidad de transformación, de realización, de perdón, y así tu vida cobrará pleno sentido. Tu liberación es la de todos, y cada uno de los que llamas los otros no tienen otro camino que el despertar.

—Y el dolor y el sufrimiento... —dice el Tú.

—Es la mente —el Yo responde y hace una reflexión— la que decide cómo vivir la experiencia. El cuerpo, por sí mismo, no puede sufrir. El cuerpo sufre porque la mente así lo ha decidido gracias a sus creencias que la limitan a un cuerpo. Hay que observar el dolor como un proceso natural, como un proceso impersonal. La fuerza que recibe de la mente se disipa, y este dolor tendrá el nivel funcional necesario, pero, en la medida en que retires tu mente, el dolor cesará.

»Donde hay apego, orgullo, juicio y deseo, hay sufrimiento. Esta es la fuerza de la identidad física y psicológica.

»Nada de lo que pienso que soy es el yo. Es la identidad la que tiene miedo a morir, la resistencia que ofrecen mis creencias y lo que creo que soy.

»Solamente existe la Vida. Tú no la puedes ver, solo puedes ver su manifestación, pero no la Vida misma. Solo puedes experimentarla. Es fenoménica por una simple razón: todo está impregnado de Vida. Es como el aire, vivo gracias a él pero no lo puedo ver, solo puedo experimentarlo. Todos los seres vivos viven porque respiran Vida; cada célula que conforma el cuerpo está sustentada por Ella. Se le puede poner nombre: prana, energía, información... Yo le voy a llamar Consciencia, que se expresa en mi conciencia y esto me permite decir que estoy vivo. Todo lo demás es la experimentación de la primera —Consciencia— a través de la infinidad de la segunda —conciencia—.

»En realidad, el miedo a morir es miedo a dejar de experimentar, porque estoy apegado a este tipo de existencia en la cual me estoy expresando.

»Tienes que entregar tu existencia a la existencia y quedarte en silencio, pero no te tapes los ojos.

»Una última recomendación, llamita: no tienes que hacer nada para añadir valor a lo que eres. Eres muy grata a Mis ojos, hagas lo que hagas, mates a quien mates, salves a quien salves. Solo existe la experiencia de la vida, y cada acontecimiento que pareces experimentar es una oportunidad de realizarte a través de ti misma. El final es el mismo para todos, y te diría que es irremediable: despertarás y comprenderás que has vivido una pesadilla de separación, de dolor, de sufrimiento y de muerte. En este proceso has matado, has amado, has salvado, has experimentado un sinfín de papeles para que tu alma los integrara todos, a fin de poder trascenderlos. Ya no tienes necesidad de perdón, ni de ser perdonada, ahora estás en plena conciencia conmigo, con la Consciencia.

"Morir antes de morir... solo te puede llevar a la Vida"
Con Amor: YO SOY

CAPÍTULO 15

LA INDAGACIÓN:
OBSERVAR AL OBSERVADOR

"El verdadero Ser, siendo natural, no necesita práctica para ser lo que ES. Es el ego el que necesita práctica para ser algo".[1]

Antes de desarrollar este capítulo, conviene recordar la diferencia entre la conciencia y la Consciencia.

El cuerpo no puede experimentarse por sí mismo, y para ello necesita de la mente. La mente no puede experimentarse a sí misma, y para ello necesita la conciencia, y esta a su vez necesita la Consciencia para saber que existe.

La Consciencia no tiene forma y se expresa en la forma a través de la conciencia. La Consciencia lo sostiene absolutamente Todo: es pluri-potencial, omnisciente y omnipresente.

La Consciencia se manifiesta en una infinidad de estados de conciencia. Vendría a ser el Yo manifestándose en una pluralidad de yoes. Cuando la conciencia se siente desconectada de la Consciencia, crea una entidad llamada ego a la que acaba ofreciendo todo su poder, porque cree que está separada. Tiene miedo y este es el mayor alimento que se le puede ofrecer al ego. El ego busca soluciones en la mente, y siempre son las mismas porque los problemas siempre se repiten. El ego nunca puede ofrecer al observador-2 soluciones nuevas porque no las tiene: se alimenta de los programas que hay en la mente donde anida. Así nacen el apego y el deseo que son los factores clave de todo nuestro sufrimiento. El miedo a morir, que representa el miedo a dejar de existir, nos impide vivir plenamente la vida. Mantiene al observador-2 atrapado en la creencia de que puede controlar acontecimientos futuros, haciéndole vivir obsesionado por lo que pasará, por el cómo, cuándo y de qué manera.

Cuando el observador-2 empieza a liberarse de la influencia de la mente/cuerpo, se da cuenta de que ya no está atrapado en las emociones, que ya no se sienten como propias, sino como algo que mi mente experimenta a través de mi cuerpo. Esto me permite iniciar el proceso de *indagación,* que consiste en ver qué hay detrás de todas estas emociones y en encontrar las creencias que las sustentan, los programas que las alimentan.

El siguiente paso es liberarse de las emociones para poder crear un vacío que permita a la Consciencia —observador-1— manifestarse en la mente/cuerpo con la solución al problema que el yo cree estar viviendo.

Gracias a la mediación del observador-1, el observador-2 se siente libre, en paz. Sabe que la Consciencia se está manifestando a través de la dualidad aparente, es decir, del mundo de la conciencia. Esto le permite liberarse de apegos, de resistencias, de opiniones y de posicionamientos. La conciencia fluye en un mar de vida y sabe que tiene el poder de elegir cómo vivir cada acontecimiento, libre de culpabilidad y de cualquier creencia.

El doctor David R. Hawkins, en su libro *El ojo del yo,* nos pone como ejemplo el dilema entre creación y evolución. El ego se debate entre que la vida existe gracias a una divinidad llamada por múltiples nombres —un Creador—, y que la vida surge de la materia inerte y va evolucionando gracias a las leyes de la naturaleza. Esto es el epítome de la dualidad, del posicionamiento, de la lucha, del enfrentamiento y la cuna de la sin razón.

Solo una visión holística puede llevarnos a comprender que estamos hablando de lo mismo, expresado con distintos nombres. En mis conferencias suelo decir: "Por favor, que alguien me presente a la naturaleza para que pueda felicitarla por lo inteligente y armoniosa que es".

En su libro *Biocentrismo,* el doctor Robert Lanza expresa claramente que es la Vida, la Consciencia, la que crea la materia y el mundo físico.

Por todo ello, puedo decir que *Creación* equivale a *Consciencia*, y que *evolución* equivale a *conciencia.* Como dice el doctor Hawkins: "Así, la evolución se realiza dentro de los dominios invisibles de la potencialidad infinita, para luego manifestarse como consecuencia de la creación, que es intrínseca a la esencia del universo mismo, y es constante y actual".

La Naturaleza es un nombre que se le da a Dios, a la divinidad. En la Naturaleza se expresa esa Consciencia divina que se va adaptando al entorno mediante lo que llamamos el proceso evolutivo.

La Naturaleza no actúa siguiendo el método de ensayo y error. De ser así, habría multitud de pruebas de seres deformes e inadaptados. Lo que vemos tiene un sentido, un para qué, una evolución. Es evidente que hay una Inteligencia detrás de todo lo que ven nuestros ojos. Hay una energía que da vida a Todo, y lo hace de una manera inteligente, ordenada, escalonada, con sentido. El mismo ADN es una maravilla de la ingeniería y del almacenamiento de información. Por eso la Naturaleza es la Consciencia —Creación— manifestándose en diversos planos de conciencia —evolución—.

El mundo dual, un laboratorio experimental
No es un error crear la dualidad, el error es olvidarse de que es una experiencia que nos permite tomar plena conciencia de quiénes somos realmente. Es una experiencia de jugar a no-ser para saber que todos y cada uno somos el SER, expresándose en Sí Mismo a través de una infinidad de conciencias. Es el juego del yo y del tú, del nosotros y del vosotros.

El error es olvidar que procedemos de la Fuente, que siempre estamos conectados con Ella y que es Ella la que nos alimenta y nos da la Vida. Este error nos proyecta hacia una fragmentación constante y repetida en una diversidad de formas-pensamiento cada vez más alejadas unas de otras. Esta fragmentación nos ha llevado a la demencia, hasta tal punto que el mundo se ha convertido en la pantalla donde nos proyectamos y establecemos nuestras relaciones especiales. Estas tienen múltiples facetas: familia, parejas, amigos, y también tenemos relaciones especiales con la comida, con nuestro cuerpo, con las nacionalidades, etc. Esto hace que siempre nos encontremos con nosotros mismos a través de los acontecimientos, las personas y las situaciones.

Recuperar la conciencia de que todos somos uno y de que estamos aquí para experimentarnos a nosotros mismos a través de nuestros congéneres es el camino que nos lleva a despertar y a cambiar nuestras relaciones, llenándolas de paz y comprensión. Entonces, estaremos trayendo a la conciencia la verdad universal de que no hay un yo y un tú, de que Yo soy Tú.

Frases para la reflexión y el desarrollo interior

El problema básico de la humanidad es que la mente humana es incapaz de discernir la verdad de la falsedad.[2]

El ego cree que todos los problemas que hay que resolver están ahí afuera...

Los fundadores de Estados Unidos eran conscientes de que la religión divide y se basa en el poder secular, mientras que la espiritualidad une y no tiene organización alguna en el mundo.[3]

Tradicionalmente, los senderos que llevan a la iluminación pasan por el corazón o por la mente.[4]

El buscador no es un yo, sino un aspecto impersonal de la conciencia que lleva a cabo la exploración y la búsqueda.

El ego es un producto del miedo, y su objetivo es controlar el siguiente instante de experiencia para asegurarse la supervivencia.

El límite de la dualidad es, ciertamente, el límite de la conciencia.[5]

La ciencia solo nos puede llevar hasta el umbral de la conciencia.

Cuando estás conectado con la Consciencia —con la no dualidad— se produce un despliegue de los acontecimientos, todo sucede en el ahora. La práctica y el hábito de la observación son los que te llevan a verlo de esta manera. Todo sucede en un ahora.

Todo sucede por sí mismo en el estado de serenidad y silencio interior. La Presencia, con su infinita serenidad, ha desplazado toda actividad mental y emocional.

Uno está realmente sujeto a lo que sustenta en su mente.

La Consciencia agrupa todas las posibilidades y realidades en su totalidad, y es el verdadero espacio y la matriz en la cual se desarrolla la toma de conciencia hasta su última potencialidad.[6]

El universo está absolutamente libre de víctimas, y toda eventualidad es el desarrollo de una elección y de una decisión interna.[7]

Después de estos momentos de pausa y de reflexión, me permito continuar: para poder comprender la invitación de observar al observador mediante la indagación, hay que salir de la manera en que estamos viviendo e interpretando nuestra experiencia en el mundo.

Nosotros no somos el cuerpo y no somos la mente: tenemos un cuerpo y tenemos una mente. Nuestra mente/cuerpo hará todo lo posible por atraer nuestra atención —nuestro poder— hacia lo que nos ofrece, que son los programas del inconsciente familiar y colectivo, y todo lo que hemos mamado y nos han enseñado —programado—: los dogmas religiosos y políticos, las creencias, prejuicios, tabús, etc. Esta mente/cuerpo nunca se detiene, está pensando constantemente para atrapar nuestra atención. Cuando lo consigue, quedamos hipnotizados, y el punto álgido de esta hipnosis es la identificación con lo que nuestra mente nos enseña. Nuestra mente se alimenta de nuestro poder y crea una entidad con la cual nos identificamos —el ego— dotada de múltiples facetas, como la nacionalidad, el color de la piel, la religión, la cultura, etc. Este ego nos manipula, llevándonos a entrar en comparaciones absurdas para dominarnos mediante el miedo que desarrollamos hacia lo otro, hacia lo diferente.

Cuando dejamos de identificarnos con los ofrecimientos de esta mente/cuerpo, experimentamos una revelación: "Los pensamientos que hay en ella no son nuestros". No hay nadie pensando allí dentro. Todo lo que la mente nos ofrece son programas que anidan en ella, que se retroalimentan, que se reordenan en función de nuestras identificaciones. No pensamos por nosotros mismos, somos pensados por nuestros pensamientos. Con este proceso re-encuadro al observador-1 —que es el observador que se manifiesta en la conciencia— y me permito ver, ser un testigo; entro en un estado de no-posicionamiento que me permite distanciarme emocionalmente de todo acontecimiento. Comprendo que mi posicionamiento crea una corriente de opinión que, de alguna manera, tengo que defender de otras opiniones. También comprendo que mi estado de opinión genera un desgaste emocional y, por ende, físico, que me lleva al estado de experimentación llamado enfermedad.

Cuando este observador-2 se encuentra en un estado de quietud mental, en un estado de desapego, los pensamientos surgen más lentamente, y esto permite que se manifieste el observador-1, que es el Yo, la Consciencia. Ahora puede manifestarse entre los silencios de esta mente/cuerpo que está tranquila porque, de alguna manera, el observador-2 se ha liberado de su atracción, de la identificación. El yo puede sentirse español, catalán, mexicano, inglés, francés, etc., pero no le va la vida en ello. Ha creado una distancia emocional que le permite experimentarse, pero no vivir sometido por estas creencias de separación, de dolor, de sufrimiento y de muerte.

Esta identificación es lo que llamamos personalidad, y es algo aprendido que nos domina, nos encadena y nos impide vivir libremente. El observador-2 se da cuenta de que hasta ahora había vivido esclavizado por una corriente de opiniones ajenas a su propia creación. No ha dejado en ningún momento que la Consciencia —observador-1— le inspirase, que le llevase a un estado mental de paz interior.

En este proceso llamado indagación, al estar el observador-2 en un estado de quietud mental, obtiene respuestas que nunca había pensado, que son nuevas, que siempre integran y nunca buscan la separación. Son respuestas que no están implícitas en la pregunta y que siempre ofrecen algo nuevo que nos lleva hacia la revelación. El Ser se está manifestando a través de la conciencia, ofreciendo nuevas ideas llenas de plenitud y abundancia para todos.

La finalidad de observar al observador: trascender los opuestos

Para poder trascender los opuestos, para dejar de polarizarse, es muy importante deshacer todo concepto. Los conceptos atan nuestra mente, la alinean con una serie de creencias, dogmas, actitudes y, en definitiva, nos posicionan. El posicionamiento, como ya he dicho antes, nos lleva a argumentar y a defender las creencias, los valores y los conceptos que nos mantienen atados, hipnotizados. Es curioso ver que medio mundo ve sus diablos y sus miedos en el otro medio. Todo lo que niega de sí mismo, lo ve expresándose en el otro. Cuanta más presión se hace sobre una polaridad, más argumentos encuentra esta para mantenerse donde está. Es evidente que el ataque refuerza lo atacado, y si se le vence, tarde o temprano reverdece y sale fortalecido. Es una lástima que no aprendamos de este proceso que vemos a lo largo de nuestras vidas. Por eso, como alguien dijo, la historia se repite.

No podemos olvidar lo ocurrido, esto es obvio; sobre todo para no repetirlo, hemos de recordarlo... y trascenderlo. Esta transición supone un no-posicionamiento a ultranza, es ponerse en el lugar del otro, ver las cosas desde su perspectiva para comprender su actuación, sus valores, sus creencias. No se trata de no tener criterio, sino de no querer que nuestros criterios prevalezcan sobre los de los demás. La convivencia de creencias y dogmas se basa en el respeto al otro. Presumir de que nuestros valores son mejores que los de los demás va a crear desavenencias, situaciones defensivas y de radicalización.

Cuando evolucionamos, cuando vamos tomando más y más Consciencia, se nos hace más fácil no posicionarnos y llevar nuestra mente a la esperada trascendencia.

El estado mental de trascendencia nos lleva a la comprensión de que la dualidad no existe. Veámoslo con unos sencillos ejemplos:

- No hay luz y oscuridad; lo que hay es luz y ausencia de luz. Si me apuras, hasta en la más absoluta oscuridad hay algunos fotones.

- Un ejemplo todavía más esclarecedor, y que un servidor experimenta cada día, es el asunto del calor y del frío. En una misma habitación, vemos personas abrigadas y otras en mangas de camisa. Unas tienen calor y otras, frío. Hay una temperatura ambiente y una temperatura corporal que varía en décimas de un cuerpo a otro. Entonces, ¿qué pasa? Lo que pasa es que solo existe una temperatura que puede variar dentro de ciertos límites para que exista la vida. Lo que para unos es frío es calor para otros. El frío y el calor no existen en el rango de temperaturas que permiten la vida. Todo depende de cada cual y de su propia psico-biología.

- Otro ejemplo muy sencillo y cotidiano es el interruptor, que puede estar encendido o apagado. El apagado es ausencia de encendido; no existe el apagado como una entidad en sí misma, sino como una consecuencia. Solo existe el encendido. Aunque el interruptor esté apagado sigue existiendo la posición de encendido, aunque no se manifieste.

- Para finalizar esta exposición diré que la guerra es ausencia de paz. Si en todos nuestros corazones estuviera instalada la paz, la guerra no existiría. Solamente existe la paz, y la guerra es la ausencia de ella. Por eso no hay que ir contra la guerra, sino afirmar

Yo soy tú

la paz en todos nosotros, entre todas las culturas, en las creencias y valores.

Recalco la importancia de reafirmarse en lo que uno es, y de no insistir en lo que no es. Todo ser tiene potencialidad de manifestación. Otra cosa es que crea que no puede, que no sabe, que no se merece... y que ello le impida manifestarse. *Un curso de milagros* nos lo dice claramente cuando afirma que solo existe la verdad; que hay que afirmar lo verdadero en lugar de negar lo falso.

No existe el arriba y el abajo; no existe lo bueno y lo malo; no existe lo positivo y lo negativo. Cada uno representa la polaridad del otro, y sin uno no existe el otro. No existe la enfermedad; lo que existe es la ausencia de salud, que llamamos enfermedad. El error que cometemos es luchar contra la enfermedad, cuando lo que hay que hacer es tomar conciencia de lo que hemos hecho para perder la salud. Después habrá que tratar esta enfermedad con sabiduría, con conocimiento, y no como algo ajeno a nuestra mente.

Luchar contra la enfermedad es creer que tiene entidad en sí misma. Todos sabemos que, en una epidemia de gripe, el virus en cuestión afecta a un porcentaje de la población. En las páginas oficiales se nos indica que el porcentaje de la población afectada oscila entre un 5 y un 15 %. En el peor de los casos, hay un 85 % de la población que no la padece. Que yo recuerde, hace más de 15 años que no tengo una gripe. Lo que sé es que mi conciencia ha cambiado muchísimo desde entonces. Esto no quiere decir que no tenga achaques, los tengo, pero los supero con prontitud porque entiendo que la enfermedad no es ausencia de salud, sino de coherencia emocional.

261

La falta de coherencia emocional se deriva de la polarización ante una situación que se percibe como conflictiva. Es una posición en la que se manifiestan los *debo de* y los *tengo que,* frente a lo que realmente quiero o no quiero hacer. El ego crea un mundo ilusorio basado en el posicionamiento, que solo existe en la mente del observador. Cuando se observa al observador, cuando se entra en la indagación, en el no posicionamiento, entonces cambia la percepción de lo observado, y tomamos conciencia de que lo que realmente sucede es una manifestación, una experimentación de unos estados de conciencia polarizados y atrapados por el ego. En este momento feliz observas que estas polaridades se complementan y se atraen, como el hambre a la comida. No puede existir una sin la otra. Es imposible posicionarse, es imposible quedarse con una y rechazar la otra porque, si se pudiera, desaparecerían las dos. En este mundo dual, la luz toma su sentido de la existencia de la oscuridad; la enfermedad toma su sentido de la existencia de la salud; la voz tiene sentido por la existencia del silencio; la vida cobra sentido por la existencia del observador. De no existir el observador, ¿qué sentido tendría toda la magnificencia de nuestro universo? El universo existe porque previamente hay una Consciencia que quiere ver, observar, su creación. Sin Consciencia no hay conciencia: sin observador no hay nada para lo que tenga sentido existir. La mera observación manifiesta lo observado, ambos están intrínsecamente unidos. Son un Todo, son Uno. Son un Yo en un Tú como expresión de un Yo Soy.

Conclusión: no existen el yo y el no-yo; solo existe el YO. Todo es un Yo Supremo, un YO manifestándose en una dualidad que cree y vive como si sus elementos estuvieran separados de esta magnificencia llamada YO.

La clave para trascender los opuestos se resume en un solo factor: el Perdón. Este es el perdón que se deriva de la visión no-dual, no-lineal. Es el estado de Comprensión del cual vengo hablando en este libro. No es el perdón lineal, la creencia de que alguien me hace algo y yo le perdono porque soy bueno. El perdón no-lineal es la comprensión de que no hay nadie a quien perdonar. En todo caso, tengo que perdonarme a mí mismo por atraer a mi vida acontecimientos dolorosos. Sin embargo, que algo sea doloroso o no también está sujeto a la percepción del observador, que puede reinterpretar cualquier acontecimiento y asignarle la emoción correspondiente. Al final, la trascendencia está en la mente del observador, que deja que la Consciencia haga Su trabajo, trascienda los aparentes opuestos y nos muestre que todo es perfecto.

La percepción, encrucijada de caminos

"El salto desde el paradigma newtoniano de causalidad lineal, percepción y dualidad hasta la realidad no lineal que trasciende la percepción no es fácil de hacer en nuestra sociedad".[8]

La mente no sabe que lo que ve e interpreta tan solo es una proyección, que guarda una relación directa con nuestro estado mental. Vemos lo que está ahí porque queremos verlo de esa manera. La percepción y la identificación con ella son la clave de todos los problemas en el mundo.

Sin percepción no hay identificación. La identificación nos posiciona, nos polariza, y así creamos automáticamente una fortaleza para defender nuestro posicionamiento mediante argumentos, ideas y creencias que lo apoyen y respalden.

La inmensa mayoría de las personas no cuestiona su percepción. Es más, están plenamente convencidas de que lo que perciben es tal como lo ven. El *Curso* deja muy claro cuál es la ley de la percepción cuando dice: "Verás aquello que desees ver". También indica que si te das cuenta de que aquello que ves es de otra manera, buscarás los ajustes necesarios para que te den la razón.

"La percepción selecciona y configura el mundo que ves. Literalmente lo selecciona siguiendo las directrices de la mente." "La percepción es una elección, no un hecho" (T-21.V. 1:1-2,7). No somos conscientes de que elegimos lo que queremos escuchar y lo que queremos ver de todo cuanto acontece en nuestra vida. La percepción busca reafirmarse en todo lo que ve y oye.

Si observáramos toda situación que tenga cierta carga conflictiva —y sabremos que la tiene por una pérdida de paz, una punzada de dolor, un malestar—, desde la distancia y el no posicionamiento, sabríamos que podemos elegir. Esta es la encrucijada de caminos. Siempre tenemos la opción de seguir recto en la dirección que nos ha llevado a este momento, o reflexionar y cambiar nuestros pensamientos con relación a todo lo que nos rodea.

La primera elección nos llevará a situaciones repetitivas, a más de lo mismo, aunque los personajes que estén en el escenario sean diferentes. La segunda opción es una alternativa en la que empiezas a responsabilizarte de todo lo que te rodea. Empiezas a ser consciente de que tú eres la causa de lo que se presenta una y otra vez delante de ti, a través de tus programas heredados, incrustados en forma de tabús, creencias, dogmas.

Para superar la percepción simplemente hay que trascenderla mediante el no posicionamiento y la ausencia de juicio.

Muchos dicen que no juzgar es ciertamente difícil, y en cierta manera tienen razón. La dificultad estriba precisamente en el posicionamiento, en la identificación con una postura, que nos lleva sin remedio a juzgar a los que no piensan o no se posicionan como nosotros. Las personas no son conscientes de las consecuencias que se derivan de sus decisiones, y de la diferencia entre la bondad y la negatividad.

Creo recordar que fue Buda quien dijo: "El único pecado es la ignorancia", entendiéndola como falta de evolución y conciencia.

La conciencia se identifica con la forma y lo hace a través de la percepción. La Consciencia siempre está más allá de la forma y sabe que toda manifestación es la expresión de una posibilidad. La Consciencia que se proyecta a través de la conciencia queda matizada por esta última, y, en la medida que la segunda deja paso a la primera, la forma pierde importancia y utilidad. Nuestra visión se amplía y va más allá de lo que parece evidente. Volviendo a Buda, vendría a ser que cada vez somos menos ignorantes y estamos más despiertos. Este es el camino de la iluminación que él enseñaba. El camino del despertar es el camino de la no-dualidad, de la percepción no-lineal, es adiestrar la mente en otra forma de percibir, dejando que sea alimentada por los latidos del corazón.

Como dice el doctor David R. Hawkins en *El ojo del yo,* el gran obstáculo para este despertar es, más que cualquier otra cosa, el orgullo en forma de vanidad, de conceptos y opiniones, los fundamentos de la ignorancia.[9]

En realidad, lo que vemos solo es una actividad mental que se fija en un intervalo del espacio/tiempo, y que prolongamos de forma lineal. Con esta prolongación reforzamos una forma de pensar, una forma de razonar que se va repitiendo en nuestras experiencias diarias, como una profecía autocumplida. El cuerpo no puede ver, el cuerpo no puede oír, el cuerpo no puede hacer nada. Su existencia está sustentada por la Naturaleza, por la Consciencia. Es la conciencia la que lo utiliza y hace de él lo que quiere. Una pérdida de conciencia consiste en creer que el cuerpo es la causa y yo sufro sus efectos; entonces caemos en la trampa de castigar al cuerpo. La experiencia sensorial se halla en la mente. El cuerpo solo transmite *inputs* de información a la mente, y esta les da forma y sentido. La experiencia es una interpretación, pues el sentido que se le da se fundamenta en las creencias que la mente sustenta. Obviamente hay que cuidar el cuerpo, darle buenos alimentos, evitar tensiones y exceso de trabajo. El reposo y los cuidados corporales, como el aseo y el ejercicio, son fundamentales, pero aún es más importante cuidar qué tipo de alimentos mentales le damos. Entiéndase que los pensamientos negativos, cargados de juicios y de razones, producen verdaderos estragos en el funcionamiento corporal. Tenemos que mantenernos alerta con las emociones que albergamos, con los sentimientos y los actos que nos llevan a realizar. El cuerpo no necesita ser purificado, la mente sí. Una mente llena de culpabilidad es una mente que está intoxicando el cuerpo hasta el punto de que puede provocar ciertos malestares y causar su destrucción.

Tanto *Un curso de milagros* como el doctor David R. Hawkins nos dicen que el cuerpo es valioso para la comunicación, que es un medio para transmitir información y tomar conciencia. He tenido varias experiencias extracorpóreas en las que he vivido y experimentado que el cuerpo estaba allí y mis sentidos estaban en mí. Es mi alma —mi

Consciencia— la que se proyecta a través de mi conciencia, y esta se expresa a través de mis sentidos y mi corpo-
ralidad. En la medida en que empiezo a des-identificarme
de los contenidos de mi mente y de las sensaciones de mi
cuerpo, mi conciencia se abre a otras posibilidades que le
son transmitidas desde la Consciencia.

Cuando la conciencia se abre a otros estados gracias a
que tomo cada vez más Consciencia, el cuerpo puede verse alterado por esta nueva información procedente de la
mente y cambiar radicalmente la percepción. El tiempo y
el espacio cambian, y tenemos una nueva experiencia de
ellos. Todo sucede como a cámara lenta y uno tiene tiempo para todo. El tiempo ya no nos apremia. Esto descansa
a la mente y, obviamente, el cuerpo lo refleja. El cuerpo
manifiesta una vitalidad que antes no tenía; está más libre de estrés, de tensiones. La mente lo deja más tranquilo
porque ahora está sujeta a una conciencia más iluminada,
más integral, más holística. La mente se torna más yin y
receptiva porque es consciente de que recibirá la provisión
que necesite.

Una mente que vive en estas condiciones deja que el
observador *YO* observe al observador *yo,* y que este se
deje llevar por el primero, permitiéndole aumentar su conciencia porque ahora *sabe* que todo está ocurriendo por sí
solo. Hay una mezcolanza de causas/efectos que solo puedes comprender cuando tienes plena conciencia de que
todo es un holograma. La necesidad de juzgar ha sido susti-
tuida por la necesidad de comprender, y de la comprensión
nace la compasión. La compasión es la energía de la que
está formada la Consciencia. Esto hace que su percepción
no sea dual, que su visión sea prístina, de una inocencia
que no somos capaces de imaginar.

"Nada en el mundo es *causa* de ninguna otra cosa. Todo está entrelazado en una danza holográfica donde cada elemento influye sobre cada uno de los demás, pero no los causa. La *causa* es una invención epistemológica, un invento de la mente".[10]

Cuando una mente es alimentada por este fluir de la compasión, de la comprensión, de la ausencia de juicio, el cuerpo se convierte en un templo de comunicación utilizado por el Espíritu Santo. Como ya he explicado más de una vez y *Un curso de milagros* deja muy claro, el Espíritu Santo es el traductor entre la Unidad —El Padre— y la dualidad —El Hijo—. La mente del Espíritu Santo está en toda mente que se cree separada y una de Sus funciones es hacer que la mente vuelva a Su integridad. Esta Mente está en la totalidad, donde hay ausencia de causa. Todo Es, en un estado presente con infinitas posibilidades de manifestación. Una mente con una conciencia cerrada a la Consciencia busca las causas en todo, dándose multitud de explicaciones y de justificaciones de lo que le ocurre o de lo que hace.

El gran error de todo buscador espiritual es creer que existe un opuesto a la verdad. El *Curso* nos dice que esta creencia da vida al diablo, y a su vez a toda la panoplia de ídolos, cada uno más sofisticado que el otro. Esta creencia nos conduce directamente a la percepción, que está alimentada por el miedo a dejar de existir, pues la conciencia es dual y vive entre dos opuestos: ser o no ser; o, dicho de otra manera, existir o vacío. La verdad es que la nada, en esta acepción, no puede existir por su propia definición. Solo existe la *existencia.* La muerte deja de ser un concepto tenebroso y pasa a ser un concepto de liberación, de tránsito de un estado a otro, en el que la mente sigue adelante.

El buscador espiritual se aleja cada vez más del posicionamiento y de la polaridad. Esto permite a su conciencia abrirse a otras cualidades de pensamiento, fruto de una mente que empieza a verse libre de juicios, lo cual conlleva la liberación de dolores y de sufrimientos. No olvidemos que la primera causa del dolor está en la mente, y que antes o después acaba manifestándose en el cuerpo. De hecho, el dolor físico equivale a dolor emocional. De todas maneras, uno puede tener dolor y no sufrirlo, porque el sufrimiento siempre es resistencia. En nuestro instituto enseñamos la intención positiva que tiene el dolor, y la actitud mental que es posible aplicar cuando se comprende esto. Detrás de esta comprensión anida la conciencia de que hay una inteligencia superior, a la que en estas páginas hemos llamado Consciencia.

Cuando la percepción y la interpretación del mundo se debilitan, el ego también se debilita. Él sigue estando ahí por el simple hecho de que es una creación de nuestra mente, pero ya no se le da la importancia que había tenido hasta ahora. Se le tiene, pero cada vez se le escucha menos. Como ya sabemos, el ego se alimenta de lo que se conoce en psicología como la personalidad. Cuando esta deja de ser defendida, se convierte en una personalidad pura, libre de juicios. Está ahí, pero ahora ya no se enfrenta a nada con ira; y surge una nueva personalidad apoyada en una percepción inocente: fuerte, pura e inocente.

Diálogos

El Tú pregunta: —¿Mis acciones tienen consecuencias?

Todos tomamos decisiones que están mediatizadas por otras que las han precedido en el espacio/tiempo. De hecho, nuestras decisiones no mantienen una relación causa/ efecto lineal por la sencilla razón de que las acciones que realizamos no son plenamente conscientes, sino que se expresan a través de la conciencia —la singularidad— que está muy condicionada por el inconsciente. Por eso, toda acción afecta a los acontecimientos, y estos a las acciones, en una especie de rueda causa/efecto, pero sin *causa* real. Si observamos la Naturaleza, vemos que todo está entrelazado. Entonces, ¿dónde está la causa de un efecto? Solo la encontraríamos en la dualidad. Al final, solo hay una Causa Inicial, atemporal, llena de sentido y de potencialidad. Esta sería la única causa, todo lo demás se convierte en pluri-causalidad.

Un ejemplo muy común es la gestación de un embrión humano que se convertirá dentro de nueve meses en un ser con conciencia. La causa es el encuentro previo entre un hombre y una mujer, y la causa de este encuentro está más allá de la casualidad. Este encuentro viene precedido por otro tipo de causas: programas inconscientes, programas heredados de las características físicas y mentales que nos atraen y nos repelen, todo un cúmulo de causas y efectos cuyo análisis no lleva a nada concreto. Lo que está claro es que la vida está sustentada por una Inteligencia, por una Consciencia que trasciende toda causa y todo efecto, pues ella misma es todo esto y mucho más. Es el SER en acción, pura manifestación de energía, de información, el Yo en todo su esplendor. Por eso Yo soy Tú.

El Tú pregunta: —¿Hay que hacer alguna práctica espiritual para alcanzar la iluminación?

El ego siempre está en el *hacer,* en el *cómo* y *de qué manera.* Este ego encuentra una infinidad de métodos y prácticas, supuestamente espirituales, para alcanzar el *despertar* que tanto anhela. Estamos frente a los mercaderes del templo: todos ellos venden su *receta* para alcanzar el objetivo. ¿Cuál es la mejor? Esta es la cuestión. Entonces empieza un peregrinar. Se trata de *hacer el circuito* porque uno está pillado en el *síndrome del cursillista,* y se convierte en una persona atrapada en hacer: cursos, seminarios, técnicas, retiros, aislamientos, dietas, peregrinajes a lugares energéticos, santos, de vibración, técnicas de meditación...

El despertar simplemente sucede. No hay una relación causal entre haz esto y conseguirás aquello. Incluso puede haber una práctica, pero ella no será la causa. La práctica te sirve para estar tranquilo, en paz, en contacto contigo mismo. Es una práctica que te tiene que llevar a la paz interior, que se proyectará en tu pantalla del mundo, pero lo que tenga que ser será. El *Curso* nos dice que esta *gracia* la da Dios. No consiste en méritos ni en deméritos; es consecuencia de un estado mental que se ha ido alejando de la dualidad, del juicio. Es consecuencia de un cambio de percepción que se hace sin apego al éxito. El éxito es, por así decirlo, un beneficio colateral de un modo de estar en el mundo. El yo ya no espera nada porque *sabe* en su interior que lo tiene todo y que su *trabajo* consiste únicamente en dejar que esta energía interna se despliegue ante sus ojos, contemplando y dejando que todo *ocurra.* Esta Comprensión envuelve todo lo que te rodea y simplemente sigues viviendo este estado fenoménico llamado vida.

El Tú pregunta: —Entonces, ¿no hay un camino?

Hay muchos buscadores espirituales con muy buenas intenciones que buscan a alguien que les inspire, y muchos piensan que tienen que hacer lo que haya hecho ese maestro. Si esa persona se ha ido a la jungla y allí ha tenido su despertar, quizás muchos preguntarán qué hay que hacer para ir a la jungla, con quién fue y adónde fue. No hay camino. Tienes que saber que siempre estás en el camino y que nunca has dejado ni dejarás de estar en él.

No persigas el *despertar* porque estarás atrapado en el deseo, en el querer, y esto te mantiene en la dualidad, en la separación. Llegará un día en el que despertarás y no tendrás un *cómo* que llevarte a la boca. Simplemente esto es algo que sucede irrevocablemente. En la dualidad, todo tiene su fin.

Hay un proverbio zen que dice: "Cuando un maestro ha empleado una escala para ascender a lo alto del muro, esa escala es desechada para siempre y jamás se vuelve a emplear".[11]

Y como diría Carse: "Encuentra tu propia maldita escalera". Busca por ti mismo y en ti mismo, y obsérvate en todo lo que te rodea. Empieza a liberarte de juicios, lo que te llevará a liberarte de culpabilidades, y todo ello te llevará a un estado de paz interior. Entonces solamente te queda fluir en este mar de conciencia que te permite experimentarte en todo.

El Tú pregunta: —¿Hay que orar?

La oración siempre te dará un estado de tranquilidad mental, fruto de la confianza que se deriva de saber que eres escuchado. Entonces, me pregunto: "¿Quién me escucha? ¿A quién estoy orando? ¿Para qué estoy orando? ¿Qué busco en la oración? ¿Desde qué posición mental lo estoy haciendo?".

Un curso de milagros nos dice que la única oración que tiene sentido es la gratitud. No hay nadie a quien orar, no hay nada que pedir, no hay nada de lo que no se disponga ya, ahora mismo. La oración siempre se puede hacer desde que hay algo en el exterior o desde la plenitud.

La plenitud solo pide que la Consciencia se manifieste plenamente en la conciencia, y en su petición deja que lo que tenga que ser, suceda. Como estamos atrapados en el sueño de separación, perdidos en el hacer, cuanto más hacemos, más nos perdemos. Entonces, la divinidad se proyecta, en parte, en nuestro sueño en forma de lo que conocemos como el Espíritu Santo. Nuestra oración va dirigida a Él, porque es el transmisor de nuestro desasosiego. La Consciencia desconoce nuestro estado mental de separación —de no ser así, no podríamos despertar—, y el Espíritu Santo condiciona nuestro estado mental con una percepción perfecta, que no es aún el Conocimiento, pero nos prepara para recibirlo.

La oración más potente que existe es la entrega de tu voluntad a la Voluntad. Ponte al servicio de lo que eres y nunca dejarás de ser. ¡¡Ponte al servicio de la divinidad!! Mi oración preferida de cada día es: "¡¡Señor!! ¿Qué quieres que haga en el día de hoy? ¡¡Te escucho!!".

El Tú pregunta: —Entonces, ¿con quién estoy hablando ahora?

Estás hablando contigo mismo todo el tiempo. Estás donde debes estar, no hay un lugar adonde ir, ni un tiempo en el que tengas que hacer. Todo fluye y lo hace eternamente. Tu mente está enfocada en un estado que puedo llamar espacio/tiempo, en una *parcialidad* de un Todo indiviso. Solo la mente atrapada en la dualidad vive cada situación como separada del resto. La mente sigue un camino de entre muchas posibilidades, y ese camino puede dejarse en cualquier momento y escoger otro. Esto ocurre cuando la mente deja de enfocarse en la separación y pasa a hacerlo en ser más integra, más holística, más cuántica, más no-local.

El Tú pregunta: —¿Por qué tengo la sensación de que estoy hablando con alguien?

Ahora estás en un punto de toma de conciencia. Eres el observador que empieza a no identificarse con lo que observa, eres un observador que empieza a no posicionarse. En este estado mental, la conciencia se desapega y se permite escuchar, pues deja de buscar respuestas a todo cuanto acontece en la pantalla del mundo. En este preciso instante, la Consciencia se expresa a través de la conciencia, y tu primera impresión es que hay Algo o Alguien que te está transmitiendo nuevos pensamientos y nuevas maneras de ver. La Consciencia siempre está aquí, siempre está dispuesta a expresarse a Sí Misma en este estado de aparente separación, de experimentación, que conocemos como yo y que lleva a la proyección de un tú. Este diálogo es entre el YO —la unidad— y el yo —la singularidad—. Ahora mismo, este yo-Enric está hablándose a sí mismo mediante la proyección de escribir todas estas reflexiones, este diálogo. Así es como la Consciencia se expresa en el mundo dual, mediante lo fenoménico, mediante la experiencia. Ahora mismo, este yo-Enric deja que el YO se exprese en estas palabras, que en su día se mostrarán en los papeles de un libro.

Reflexiones

"Tu problema no es el sueño. Tu problema es que te gustan unas partes del sueño y otras no. Cuando veas el sueño como sueño, habrás hecho cuanto se precisa hacer".[12]

"El Cielo no es un lugar ni tampoco una condición. Es simplemente la conciencia de la perfecta unicidad y el conocimiento de que no hay nada más: nada fuera de esta unicidad, ni nada adentro" (UCDM, T-18. VI.1:5-6).

"En lugar de un pensar, hay un conocer auto revelado que imparte un entendimiento completo".[13]

"No hay víctimas ni verdugos, todo es consecuencia de una decisión interna. Tienes que saber que nada sucede por casualidad. Todo tiene una razón de ser. Busca la respuesta en tu interior".[14]

CAPÍTULO 16
EL CAMINAENSUEÑOS

Voy a presentar a un personaje que puede ser cualquiera, en un tiempo atemporal y en un espacio inespecífico. Cada lector puede hacer volar su imaginación y colocarlo en este diminuto espacio/tiempo que llamamos nuestra vida.

Por mi parte, voy a colocarlo en una pradera y en el papel de un indio norteamericano. En la tribu en la que vive, él es el chamán, un hombre medicina que trata el cuerpo, pero sobre todo trata el espíritu de todas las personas que se le acercan. Es un hombre de paz, un hombre con la conciencia despierta. No entiende muchas cosas, sobre todo no acaba de entender a sus congéneres. Observa sus sufrimientos, sus apegos, sus miedos, sus alegrías, sus penas, sus tristezas; observa cómo se mueven sus almas y cuán arrebatadas están por un miedo que él no acaba de comprender: el miedo a estar solos.

Soledad, ¡oh soledad!, ¿cuál es tu poder que hace que todos te temamos? Arrebatas el corazón de todo aquel que te deja entrar, manipulas su libertad y la condicionas, infundiéndole el miedo a perder, a no tener, a la carencia que produce sufrimiento.

Caminaensueños observa todo este deambular sin sentido, miedoso, buscando no se sabe qué sensación de felicidad. Observa cómo este mar de sentimientos y emociones gobierna las vidas de todas estas personas que solo piensan en tener, en acumular, vete a saber para qué.

Este miedo profundo, secular, arrebata los corazones y planta en ellos la semilla de la codicia, del orgullo, de la sinrazón. Destruye todo lo que encuentra a su paso: amigos, familias, relaciones. Entrega de un plumazo todo lo bueno que la vida le ha dado a cambio de una posición a ultranza, de inflexibilidad, de intolerancia, de desprecio, de pisotear todo lo que le ha amado y le sigue amando. Es la locura del mundo, que busca justificar todos los desmanes que los seres dormidos creen que tienen derecho a hacer, guiados por el deseo de obtener siempre, sin pensar en las consecuencias y en los daños colaterales.

Caminaensueños se dirige al Gran Espíritu antes de dormir. Le entrega su zozobra, su inquietud por lo que ve y por lo que siente a través de sus hermanos en el sueño en el que todos vivimos.

Le reza:

"Oh, Gran Espíritu, soy plenamente consciente de que mi alma te pertenece, de que forma parte de Ti, de que Todo está unido y Todo se expresa en una infinita variedad de manifestaciones. Alimenta mi alma para que pueda transitar en este mundo de sueño, de irrealidad, para que tenga la fuerza y el coraje de tomar decisiones justas, decisiones que no se dejen llevar por sentimentalismos vanos. Que mi mente esté en perfecto equilibrio y mis acciones estén más allá del miedo a faltar al respeto; una mente llena de coherencia, de sentido del deber, de un sentido de unidad y de equidad; una mente llena de comprensión y vacía de lástima; una mente que esté embargada de compasión por todos los congéneres que me rodean y que forman parte de mi vida, tanto si están muy cerca, como muy lejos; una mente holística, integral, que sepa moverse en esta polaridad que es el mundo donde ahora se está realizando mi alma.

Que no me olvide jamás que mi vida está dirigida por ti, ¡Oh, Gran Espíritu!, que siempre tenga Plena Conciencia de que Tu Voluntad, Tu Sagrada Voluntad, es Omniabarcante y Omnipresente en Todo y en Todos.

Sé muy bien, Gran Espíritu, que mi alma no vive y expresa toda esta plenitud que nos pertenece a Todos y a cada uno. Sé que estoy en un sueño, pues todo cambia y nada permanece, tan solo el recuerdo, que el tiempo sin tiempo se encargará de borrar de la memoria de los hombres. Gran Espíritu, vivimos en Ti, respiramos en Ti, nos expresamos a través y gracias a Ti.

En tu Inmensa Bondad, en tu prístina Inocencia, todos nos movemos y nos realizamos en esta búsqueda de algo de lo que no somos conscientes y que ya habita en cada corazón.

Ilumina mi mente, ilumina mi carácter, dame fuerza para ser justo frente a todos los que me escuchan y me rodean. Que mis palabras sean inspiradas por Ti, ¡Oh, Gran Espíritu! Que me muestre duro cuando sea necesario, que sea dulce cuando sea conveniente, que mi mente y mis palabras estén en equilibrio, que nunca olvide que siempre estoy frente a mí mismo, frente a Ti.

El Gran Espíritu le contesta al amanecer, cuando el alma retoma su quehacer diario, y le ofrece el día que se presenta como si fuera un *deja vu*. Se expresa con unas dulces palabras que se encuentran en unos escritos ancestrales, y que Caminaensueños siente la necesidad de leer:

Yo me expreso a través de ti, pequeña partícula del Mí Mismo. Tu misión, que es la Mía, es llevar paz a todos los corazones que creen vivir aislados de Mí. Eres un guerrero de la paz y te has de regir por las reglas siguientes:

El guerrero no es alguien que pelea, no tiene derecho a tomar la vida de otro. El guerrero es aquel que actúa por el bien de los demás.

Su tarea es cuidar a los mayores, a los indefensos, a aquellos que no pueden hacerlo por su cuenta, sobre todo a los niños, el futuro de la humanidad.

Guerrero es el que aguanta todos los avatares que la vida le trae y vive toda clase de experiencias para fortalecer Su espíritu. Vive en la Comprensión, en la Compasión. Su *pelea* no está dirigida a vencer a nadie, sino a establecer los cimientos para que todo aquel que se le acerque pueda ascender a través de él.

Siempre dará la oportunidad, la confianza, la posibilidad de estar en coherencia a las personas que le acompañen en su deambular por este sueño, que tiene atrapados a la mayoría de los que viven en él.

El guerrero vive una vida de simplicidad pura, clara y profunda. Lo único que le importa es desarrollar la comprensión, el respeto y la equidad.

El guerrero sabe que no hay ninguna senda a seguir, ya que todas las sendas conducen a ninguna parte. Los caminos, la creencia de que los hay, es apreciar la vida alejada de Mí; es la creencia en la separación, que alimenta al gran monstruo llamado soledad.

La Vida, pequeña parte de Mí, es como una gran red que no tiene tejedor. No hay nadie haciendo nada, no hay hacedor que ejecute la acción: este es un texto budista que resulta incomprensible para las mentes que viven en la dualidad. Es un observar sin que exista observador alguno. Todo Es y Es Eternamente en la danza divina en la que el Gran Espíritu Se expresa.

En tus praderas has aprendido a domar y a utilizar el caballo, y esto te ha permitido moverte veloz, llegar a todas partes con prontitud. Has comprendido que tiene unas cualidades que ya has puesto a Mi Servicio. El caballo es el vehículo en el que tú te mueves y comunicas. Te permite volar, llegar a lugares que antes estaban lejos. Todo está más cerca, todo está más unido. Hoy todo vuela en el sueño del mundo. Tu caminar tiene que ser consciente, por eso te llamo *Caminaensueños*. Tus palabras llegan a todos los rincones del mundo. Hoy —en el mundo dual en el que vives— todo está tan cerca que cualquier mensaje llega al instante a todos los rincones. El caballo son todos estos medios que la humanidad ha aprendido a desarrollar para estar en todas partes.

Por eso, querido Caminaensueños, voy a poner una semilla en tu mente para que la hagas brotar hasta que llegue a ser un árbol majestuoso que dé sombra y alimento a Todos.

Esta semilla tiene las siguientes cualidades:

- Siempre contiene un espacio vacío que te permitirá entrar en la oscuridad de las almas y hacer trascender la luz que se encuentra allí.
- Esta semilla extraerá el poder de todos los corazones para que puedan ver su propia luz, la luz del Todo.
- Alimentará la sed de vivir con alegría y con humor, que siempre se encuentran en todas partes, porque desarrollará la comprensión de que sin opuestos no puede verse la verdad que subyace a todas las cosas.
- Siempre mantendrá el fuego de la sabiduría y nunca utilizará el poder para someter y manipular. Sabrá utilizar el poder de la sabiduría.

Caminaensueños, tu despertar te permitirá llevar sobre tus hombros todos los dolores y las penas de tus hermanos, porque tu conocimiento es el de la humildad. Este conocimiento te permite ser plenamente Consciente de que no eres realmente tú —el tú— el que lleva el peso, pues de ser así, estarías al servicio del ego, al servicio del sacrificio y del sufrimiento. Tú eres libre de ello porque *sabes* que es el Gran Espíritu el que nos lleva a Todos. YO te llevo a mis espaldas, y tú llevas las necesidades de la gente en las tuyas.

Los regalos que transmitiré a través de ti y de todo aquel que tenga la mente dispuesta a ello son la compasión y el cariño, la capacidad de enseñar, amar y compartir talentos y capacidades, y la de llevar a todos y a cada uno a las puertas del Poder.

Vive siempre en Mí, pues YO estoy en Todos y en cada uno. Solamente hay que despertar a la conciencia de que es la Consciencia la que vive y se expresa. NO hay un yo y un tú, solamente existe el YO. Esta noche, querido Caminaensueños, he vivido la experiencia de SER a través de tu sueño.

Te voy a transmitir unos pequeños consejos:

- Renuncia a tu Verdad.
- Recuerda que el miedo siempre atenaza y que YO siempre vivo en ti.
- Ten la certeza de que Todo está sustentado por la Consciencia llamada YO.
- Tener certeza iluminará tu camino. Cultívala y préstale atención. De esta manera te permitirás ser guiado por la Luz que da vida a Todo.

- No hay sendas. La senda, el camino, siempre ha estado ahí para que tú le des sentido.
- Tú mente es el gran vehículo para expresar el poder; ponla en Mis Manos, al servicio de la Gran Mente, del Gran Espíritu.

Te doy infinitas gracias por permitirme entrar en tu sueño y poder expresarme. Simplemente, GRACIAS.

CAPÍTULO 17

LA ECUACIÓN EMOCIONAL FUNDAMENTAL

Este capítulo tiene la intención de ser una recapitulación de todo el libro, expresada de forma analítica, en una ecuación física a la que podríamos llamar teórica. Al final, todo en el universo puede expresarse con números abstractos.

Voy a expresar las conclusiones de la conferencia que en su día di en Mendoza, Argentina, frente a unas 1800 personas. Lo hice así porque así lo sentí. No hay ninguna razón de la que yo sea consciente por la que presenté mis conclusiones en esa ciudad. Supongo que mi mente dual podría dar algunas. Lo que sí es cierto es que el evento se produjo en el marco de una universidad, que además era la organizadora, y que la recaudación se empleó para la investigación de las emociones en el contexto social.

Esto hizo que la mayoría de sus profesores asistieran a la conferencia, y entre ellos estaba la profesora de física.

Al terminar la conferencia, me dijo: "Enric, no sabes muy bien la que acabas de liar con esta ecuación. Has puesto en una formulación física un factor que no se consideraba y que tiene una gran carga energética: la Consciencia y la conciencia. Gracias y felicidades".

Quizás —y repito, solamente quizás— el hecho de que una persona docta en la materia, y acompañada por otros doctores, me felicitara dio renombre a esta ecuación, que recibió la aprobación de personas que ven más allá de la física clásica y se adentran desde otra conciencia en la física cuántica. En cualquier caso, creo sinceramente que fue un éxito.[1]

La reconciliación entre la ciencia y la espiritualidad

En esta época materialista existe cierta tendencia a descartar las inquietudes espirituales como reinos de fantasía. Asimismo, las personas con inclinaciones espirituales a menudo descartan la ciencia como si fuera inadecuada para guiarnos hacia el futuro. Ciencia y espiritualidad han estado a la greña desde la época de Descartes. Ya empieza a ser hora de dejar a un lado los razonamientos de ambos bandos, y de adentrarnos en la insondable esencia que lo mantiene todo unido.

Mi anhelo desde hace bastantes años es aportar mi granito de arena en el desarrollo de una nueva consciencia que alimente una nueva etapa —creo que ya estamos de lleno en ella— de las ciencias humanas centrada en la comprensión de la Consciencia y de cómo todos estamos intrínsecamente unidos, conectados con el Campo. Es el desarrollo de una Consciencia Cuántica.

Es evidente que la especie humana está transitando hacia una nueva conciencia. Quizás los acontecimientos que vemos cada día no nos lo muestren. Pero no es menos cierto que cada día hay más personas que se cuestionan los valores seculares, el vivir atrapados en el consumismo, en la locura, en el miedo irracional o en un miedo condicionado por estructuras de poder que van mucho más allá de las oficiales. Sea por lo que fuere, doy fe de lo que acontece en mi vida. Cada día compruebo cómo aumenta el número de personas que ven los vídeos de mis conferencias, así como mis seguidores en Facebook; centenares de personas asisten presencialmente a las conferencias, recibo muchísimos *mails* dándome las gracias por facilitar la apertura de la conciencia, etc.

> "Emerge una coherencia entre la psicología, la biología y el campo energético de consciencia". Actualmente la neurociencia, la biología cuántica, y la física cuántica están empezando a converger para revelar que nuestros cuerpos no son solo sistemas bioquímicos, sino también sofisticados sistemas cuánticos resonantes.[2]

Esta nueva conciencia transformará, o mejor dicho, está transformando:

- Nuestro modo de relacionarnos con nosotros mismos y con los demás.
- La consideración del factor espiritual en toda su magnitud como el gran motor del cambio. Es inadmisible que este factor tan importante esté ausente de las ecuaciones de la vida, y sobre todo de la psicología en todos sus ámbitos.
- El desarrollo de una psicología cuántica. Una visión global e interrelacionada, con el campo cuántico como hacedor de los acontecimientos diarios.

- La percepción de nuestra realidad, expandiéndola y haciéndola más global, más empática, más creativa.
- El incremento de la responsabilidad personal para buscar el equilibrio energético entre la vida interna y la vida externa. Vivir la vida como un Todo, con plena conciencia de que somos partes indivisas del mismo.
- El desarrollo de las formas socio-culturales, de la biología y de la neuro-genética, que darán explicación a esta nueva ciencia a la que podemos llamar ciencia de la Consciencia.

Hasta ahora, la ciencia se ha ocupado de lo tangible, de la forma, mientras que el Espíritu se ha ocupado del desarrollo de la Consciencia. Esta aparente separación es solo eso, apariencia. En realidad, nada puede estar separado, pues Todo está intrínsecamente relacionado. Es lo mismo aunque expresado de formas diferentes, o mejor dicho, son diferentes aspectos de la manifestación de esta energía.

Todo es energía, de eso no hay duda, y de ello se deriva que todo es información. La materia es información colapsada, y lo demás está en forma de ondas de información, a la espera de su colapso en lo que podemos llamar materia, o simplemente creación.

La física nos enseña la *ley de la conservación de la energía,* que afirma que la energía no se crea ni se destruye, solo puede cambiar de una forma a otra. De ello es lícito deducir que Todo lo que hay, lo material y lo inmaterial, es por siempre. Su existencia simplemente ES. Todo es información que puede tomar dos formas: lo manifestado, llamado el mundo de la forma, que está regido por unas leyes; y lo in-manifestado, el mundo de las ondas de información, que es pura potencialidad y está regido por otras leyes.

Ambos conjuntos de leyes coexisten aparentemente separados, pero ya sabemos que esto no es así, pues lo material está formado por partículas atómicas y subatómicas y, si profundizamos en la materia, al final encontramos el vacío. Este vacío no guarda ninguna relación con la nada. Es un vacío exento de forma, un *plenum,* es el campo de las infinitas manifestaciones y es pluri-potencialidad pura.

Tal como vengo definiendo a lo largo del libro, la fuerza que mantiene estas leyes unidas e interrelacionadas es la espiritualidad. No es un hacer, es SER, que se deriva de la toma de conciencia de que todo —repito, todo, como por ejemplo mi cuerpo, mi mundo y mis relaciones— está en relación con esta fuerza, con esta Energía que siempre ES y que es constante. Esto lo sé gracias a la ley de la conservación de la energía, que no se crea ni se destruye.

Recapitulemos y vayamos por partes:

- No se crea. Como existe y Es por siempre, no puede expandirse, no puede aumentar.
- No se destruye, se transforma. Es decir, cambia de manifestación, de estado, es un constante fluir de la forma a la energía, y de esta, a la forma. Es una especie de baile que debe tener sentido por Sí Mismo. Aquí reside la auténtica espiritualidad.

"Si la mecánica cuántica no le ha impactado profundamente, es que aún no la ha entendido."[3]

Hablemos de la espiritualidad

Por definición, y por la observación de todo lo que me rodea y de todo lo que la ciencia va descubriendo, en el universo hay una inteligencia a la que podemos llamar de muchas maneras, algunas de las cuales son archiconocidas: Dios, Inteligencia Universal, Matriz, Mente Universal, Naturaleza, Energía, El SER, El YO, Consciencia. El factor común a todas ellas es la espiritualidad, definida como el Poder que da sentido a Todo. Este Poder se manifiesta en una serie de universos que vibran en función de la conciencia que los sustenta.

La espiritualidad que tenemos que desarrollar es la ampliación de esta conciencia, conectándonos al Campo del Plenum llamado Consciencia.

En este libro vengo explicando la posición mental que debe desarrollar esta conciencia para conectarse más plenamente a la Consciencia y aumentar así su nivel de conciencia.

Un curso de milagros, que para mí es el epítome de cuanto estoy desarrollando —un libro que emplea términos judeocristianos, aunque esto es solo la apariencia—, es un tratado de física espiritual. Lo deja muy claro en su lección relativa a los regalos del reino:

"Tienes el poder de acrecentar el Reino, aunque no de acrecentar a su Creador" (T-7.I.2:7).

Desnudemos esta frase que contiene una aparente contradicción:

- El poder de acrecentar el Reino. Acrecentamos al Reino cuando aumenta la conciencia en Él, cuando todo lo que hay despierta a la Suprema Consciencia. En resumen, cuando despertamos todas y cada una de las partes que lo conforman.

- Aunque no de acrecentar a su Creador. La física explica esto mediante la ley de la conservación de la energía. El SER Es por siempre. No tiene principio ni fin; dicho de otra manera, no puede crearse ni destruirse, solo transformarse.

La fuerza de esta transformación es la espiritualidad, y cada uno de nosotros, cada parte, tiene este Poder en sí misma. No tiene que buscarlo en ningún lugar remoto ni haciendo nada especial. El *Curso* nos lo enseña con unos párrafos que podemos considerar enigmáticos, pero a la luz de lo expuesto cobran sentido:

"Dios se extiende hacia fuera, más allá de todo límite y más allá del tiempo, y tú, que eres co-creador con Él, extiendes Su Reino eternamente y más allá de todo límite" (T-7.I.5:4).

Para comprender el concepto *más allá de todo límite* hay que trascender la mente dual. Sabemos que ella vive en los límites, en las estrecheces, en el arriba y en el abajo, en las dimensiones. Una mente dual no puede imaginarse el no-límite. Es algo que el SER expresa en esta partícula de conciencia, que se libera cuando deja de juzgar y de aferrarse a sus valores como si fueran algo real. Es una gracia, es el despertar, es el cénit del buscador espiritual que al fin comprende que no hay nada que buscar, simplemente trascender la dualidad. Para ello deja de juzgarla, que es lo mismo que no reforzarla, dándole un sentido que no es real. Es pura ilusión.

"He dicho que el último paso en el redespertar al conocimiento lo da Dios" (T-7.I.6:3).

La ilusión del tiempo

Cuando desarrollamos el tiempo, ello nos permite desplegar ante nuestros ojos de observador los acontecimientos que —parafraseando a David Bohm— siempre han estado allí, en lo que él llama el orden implicado. Hay que crear un tejido espacio/temporal que permita presentar todos los acontecimientos posibles que nuestra conciencia sea capaz de proyectar. Este sería el orden explicado. La potencialidad de ello es infinita, pues en el Campo todo es posible y todo Es por siempre.

El tiempo nos permite desplegar estos acontecimientos y creamos la ilusión de pasado, presente y futuro.

Un alumno mío explicaba en una de mis clases que, cuando busco en el árbol genealógico los programas que hacen que una persona tenga determinado tipo de experiencia, venía a ser como que: "El cliente viene con el árbol *plegado* y Enric lo *despliega* para que él lo pueda ver y así transformarlo mediante un acto de Comprensión, fruto de soltar juicios y culpabilidades".

El tiempo es una ilusión, por eso es relativo. Einstein explicó muy bien su relatividad y hay ejemplos que la explicitan, como es el caso de los gemelos.

Al final, el tiempo es un constructo mental. Todos hemos experimentado el tiempo como algo relativo. Muchas veces una hora se hace eterna, y otras veces esa misma hora se nos pasa volando. Una mente de tortuga, que es una mente vacía de ansiedad y de conseguir, percibe todo como más lento, y ello le permite tener tiempo para todo. Una mente de liebre, una mente ansiosa por llegar, por ser, vive en una constante falta de tiempo y eso le acorta la vida.

Una mente con coherencia espiritual sabe que está sustentada por esta Energía, que se expresa a través de ella en la justa medida que le permite retirarse y dejar paso a la correcta percepción de los acontecimientos. Esto es lo que explico en observar al observador.

Cuando la Consciencia, que es pura potencialidad, se puede expresar con libertad en la conciencia, a este acto se le llama Rendición. Es una entrega, un dejar de luchar, un experimentar, es pura espiritualidad. Desaparecen las prescripciones. La mente vive en las descripciones, se recrea en lo que ve, une polaridades gracias a la ausencia de juicios.

Del porqué emocional

Nuestra conciencia se expresa a través de nuestra mente y de nuestro cuerpo. Es un todo psico-biológico. De aquí la importancia de desarrollar una psicología más holística, más humanista, sustentada por un soporte biológico que expresa todos los estados emocionales que nos caracterizan como seres humanos.

La emoción es el vehículo —la nave espacial, como muchas veces la llamo— para viajar a estos estados de conciencia ocultos. A través de mis síntomas y de todas mis circunstancias, me permite adentrarme en el laberinto de mi vida con el hilo de Ariadna, para salir de él con otra conciencia. En definitiva, me permite estar más despierto. Por todo ello:

- Sin emoción no hay vivencia, no hay experimentación, no hay recuerdo.
- La emoción relaciona mi inconsciente con mi consciente, une ambos aspectos de mi psique.
- En el ámbito del tiempo, une mi pasado con mi presente y me impulsa a la vivencia de un futuro.

- Las emociones son biológicamente indispensables para tomar decisiones.
- Sentir nuestros estados emocionales, que es lo mismo que ser conscientes de nuestras emociones y sentimientos, nos ofrece la flexibilidad de la respuesta basada en nuestra historia particular que interacciona con un ambiente.[4]
- Las emociones nos permiten adentrarnos en un nuevo cambio de paradigma para que evolucionen nuestros patrones colectivos de pensamiento/percepción.

Coherencia emocional-coherencia cuántica

La mente tiene cualidades no-locales —una *misteriosa* acción a distancia que provoca la interacción de partículas elementales separadas en el espacio sin que medie aparentemente ningún mecanismo perceptible, que se explica por la teoría del entrelazamiento de partículas—. Esto permite ciertas sincronicidades entre acontecimientos que parecen no estar relacionados.

En experimentos como el realizado por el Instituto de Ciencias Fotónicas (ICFO), los autores destacan lo siguiente: "El estudio ha demostrado que existe la posibilidad de confirmar experimentalmente la existencia de correlaciones no locales en los estados cuánticos de muchos cuerpos, algo inimaginable hasta ahora. Cualquier experimento relacionado con este tema, sin duda, sería una nueva prueba de que la teoría cuántica describe correctamente la naturaleza, sin dejar de lado la complejidad de sistemas de muchos cuerpos".[5]

Un equipo de científicos de la Universidad Tecnológica de Delft (Países Bajos) ha demostrado uno de los postulados de la mecánica cuántica que se refiere a la no-localidad de las partículas de todo el universo. Este estudio fue publicado en la revista científica *Nature* y ha sido extraído de la web ara.cat. Su título es: El efecto fantasmagórico que Einstein rechazaba, siendo la fuente Jonh Markoff, *The New York Times,* actualizado el 08/11/2015.

Este artículo es una prueba muy sólida de que el universo está formado por partícula entrelazadas, de que estas no se manifiestan hasta que no hay un observador, y de que el tiempo corre hacia atrás en vez de hacia delante. En este artículo también se comenta que los propios científicos dicen que este experimento no ha disipado todas las dudas.

Esto nos permite comprender ciertos comportamientos que aparentemente no tienen explicación desde la dualidad, pero la física cuántica los explica mediante el concepto de no-localidad. Veamos un ejemplo muy interesante, el caso de las termitas: si pones tres o cuatro termitas en una pecera con algo de tierra, no hacen nada. Pero si pones una gran cantidad de ellas, todas comienzan a construir complejas estructuras, organizándose sincrónicamente. Todas toman la decisión de ponerse a trabajar al mismo tiempo.

Hasta ahora se pensaba que la multitud de correlaciones que existen en el cuerpo humano tenían una secuencia lineal. Se está descubriendo una extraordinaria coherencia entre todos los sistemas que podemos explicar trasladando la física cuántica a la biología. Recomiendo al lector que vea el vídeo de Jill Bolte Taylor, *El derrame de la iluminación.* Transcribo aquí una pequeña secuencia:

Tuve un derrame cerebral en mi hemisferio izquierdo: [...] y entonces perdí el equilibrio y quedé apoyada contra la pared. Veo mi brazo y no me doy cuenta de que... Ya no puedo definir los límites de mi cuerpo. No puedo definir dónde comienzo y dónde termino... porque los átomos y las moléculas de mis brazos se mezclan con los átomos y las moléculas de la pared. Y todo lo que podía detectar era esa energía, "energía".

Veamos algunas reflexiones:

- Los últimos hallazgos de la biología cuántica y de la biofísica han descubierto que existe un extraordinario grado de coherencia entre todos los sistemas vivientes. Un buen ejemplo es el de la coordinación entre las ballenas del Atlántico Norte y las ballenas del Atlántico Sur que expuse en un capítulo anterior.
- Los sistemas biológicos funciona con una especie de coherencia cuántica mediante lo que se conoce como excitaciones biológicas y emisión de bio-fotones. Fritz-Albert Popp propuso la hipótesis de que dentro del sistema viviente se emiten biofotones a partir de un campo electrodinámico coherente.[6]
- Los biofísicos han descubierto que los organismos vivos están impregnados de ondas cuánticas.
- La Evolución estaría basada en la comunicación y la colaboración, más que en la lucha y la confrontación. Así lo vemos en muchos sistemas biológicos que sobreviven mediante estos principios.
- Cada célula está emitiendo en un campo de resonancia, que es un campo no-local. Esto implica que la comunicación es prácticamente instantánea.
- Cada parte trabaja para la coherencia del Todo. Tenemos el ejemplo del hormiguero y la reina hormiga como ejemplo de hipercomunicación. Puedes alejar

a la reina del hormiguero a la distancia que creas conveniente y no ocurre nada, todo sigue funcionando igual. Pero si matas a la hormiga reina, el hormiguero pierde la coherencia y entra el desorden.

• En la Naturaleza existe una tendencia inherente a resonar juntos, *en sincronía,* como manera de obtener orden y coherencia.

De estas reflexiones se derivan efectos muy trascendentales. El más importante, para mí, es el de la coherencia. No vivir con coherencia emocional, lo que conlleva la coherencia cuántica, es vivir nuestra vida en un caos, en un desorden, en una entropía acelerada.

"Los sistemas vivientes no son sujetos solitarios ni objetos aislados, sino objetos y sujetos dentro de un universo de sentido mutuamente comunicante... De la misma manera que las células de un organismo se encargan de diferentes tareas para la totalidad del mismo, diferentes poblaciones estructuran la información no solo para sí mismas, sino para todos los demás organismos, expandiendo la consciencia de la totalidad, al tiempo que se hacen más conscientes de esa consciencia colectiva".[7]

No voy a desarrollar otra vez la diferencia entre conciencia y Consciencia porque ya se ha sido exponiendo a lo largo de todo el libro.

"Es probable que el ADN humano, que actúa como un campo de energía cuántica, sea el asiento de la Consciencia."[8]

Volvamos al factor tiempo

La física y, sobre todo, la física cuántica nos dicen y nos demuestran que todo surgió de una *singularidad*. En esta singularidad no hay espacio, ni tiempo. Para poder expresar el universo, es necesaria una expansión proveniente de una explosión que nuestras mentes son incapaces de imaginar. Esta explosión es conocida como el famoso Big-Bang. El tejido espacio/temporal permite expresar todas las leyes matemáticas, pero el factor tiempo resulta fundamental, puesto que es absolutamente relativo y afecta a la expresión de la materia —dualidad— de infinitas maneras en función de cómo se experimente.

Es la clave de la ecuación Emocional. Veámoslo:

- Como ya he explicado, el tiempo nos permite separar los acontecimientos.
- La ecuación e = v · t es la que nos permite hacer algunas reflexiones teóricas. Cuando la velocidad tiende a infinito, el espacio y el tiempo tienden a cero —el tiempo se dilata, como si fuera mucho más lento, y el espacio se contrae, tal como explica la Teoría de la Relatividad—. Entonces todo queda como congelado. Simplemente no observamos. Estaríamos en la *singularidad* o punto de partida inicial.
- Para que yo pueda ver lo que sucede, tengo que aumentar el tiempo, es decir, hacer que transcurra más rápido. Además, si quiero que las cosas no vayan a mucha velocidad, también tengo que aumentar el espacio para que mis sentidos puedan percibirlas. Esto se deduce de la ecuación anterior despejando la velocidad → v = e/t.
- Actualmente, nuestro mundo se hace pequeño —de forma subjetiva—, porque medimos las distancias en

tiempo. Cuando preguntamos a qué distancia se encuentra un lugar, muchas veces la respuesta es: "Está a unas dos horas de aquí". Además, según dónde te encuentres, las distancias pueden ser enormes. Las distancias y los tiempos no se perciben igual en Argentina o en España, por poner un ejemplo. Para un argentino, algo que está a 4 horas está relativamente cerca. Pero un español podría caerse al mar Cantábrico o al Atlántico.

Estábamos mi mujer y yo en una isla que no medía más de 15 km de ancho. Un día, un amigo nos invitó a cenar en un lugar del centro de la isla, e hizo un comentario que puso una sonrisa en nuestros labios: "El pescado es mejor en la costa que en el centro". Todo es relativo y la percepción del espacio/tiempo está en nuestra mente. En este mundo dual, en este mundo de percepción, todo —todo— es relativo.

El tiempo no existe

Como ya se sabe, el tiempo no existe en términos absolutos, pero todos percibimos sus efectos. El tiempo es un factor relativo, esto es así. Entonces, ¿qué ocurre? Una posible respuesta en la que muchos investigadores trabajan es que el tiempo está sujeto al observador, por así decirlo. Veamos algunas reflexiones:

- La información no solo existe en todas partes a la vez, sino en todos los tiempos a la vez.
- No existe pasado, presente y futuro, sino que todo ha sucedido simultáneamente. La mente humana es la que se encarga de devanar los acontecimientos en

un hilo temporal ficticio. "El tiempo no existe más que como una ilusión en nuestras mentes".[9]

- El cambio es el indicador del tiempo, el cambio con relación a otros. Si no hay percepción de cambio, ¿cuál es la referencia del tiempo?
- Son los recuerdos los que nos hacen creer en el pasado. El cerebro recuerda lo ocurrido y lo proyecta al futuro. La memoria almacenada en el inconsciente colectivo es la que nos permite percibir el movimiento.
- Uno de los mayores problemas de la unificación de la relatividad general —el macrocosmos— y la mecánica cuántica —el microcosmos— tiene que ver con el tiempo. "Si consideramos el tiempo como una propiedad emergente propia del observador interno, esto unificaría ambas teorías."[10]

De qué me sirve todo esto

Me sirve para asentar en mi mente este cambio de Consciencia con relación a lo que realmente soy, para saber que todos estamos interrelacionados, conformando toda una serie de sistemas aparentemente separados. Vivimos en un universo comunicante. Desarrollar una Consciencia cuántica me permite percibir mis acontecimientos, mis circunstancias y mis relaciones personales desde otro prisma. Me permite:

- Aumentar mi conciencia tomando Consciencia de por qué y para qué vivo ciertas experiencias, ciertas situaciones, ciertas relaciones.
- Empezar a entrenar mi mente en los continuos *ahora.* Mantengo mi mente en el presente.

- Reconciliar ciencia y espiritualidad. Recupero mi paz interior gracias a una nueva Comprensión.
- Alimentar mi coherencia emocional sabiendo que influye en la coherencia cuántica, que a su vez aumenta la Consciencia cuántica.
- Desarrollar una conciencia más humanista, con pleno sentido de unidad y responsabilidad para con uno mismo y para con todos. En el artículo de Kingsley L. Dennis al que ya me he referido anteriormente, leemos: "[...] nuestro futuro evolutivo requiere que no nos mantengamos polarizados entre las ciencias y las humanidades, sino que puede producirse una fusión creativa y una asociación de colaboración".

Para poder entrar en la experiencia de la dilatación del tiempo en nuestra mente es necesaria la quietud mental, concentrarse en lo que estás haciendo, estar ausente de todo lo que te rodea, vivir de instante en instante en el *ahora* continuo.

Tener conciencia de que:

- El pasado y el futuro son tiempos inexistentes.
- El tiempo es espacio en movimiento.
- El espacio es tiempo presente.

De esta manera, nos conectamos con el campo de la Consciencia Total. Podemos verlo todo en un instante con una percepción dilatada del tiempo. Tenemos tiempo para todo. Puede ser un proceso que se desarrolle en diferentes magnitudes de tiempo según la conciencia del observador. Esto no importa. Todo puede suceder en un instante, o podemos tener la sensación de revivir algo que ya está en nosotros, en nuestro proceso de desarrollo. Reafirmo la importancia del observador y su nivel de conciencia.

El tiempo, ¿cuál es su dirección?

Creemos, pensamos y tenemos la *certeza* de que el tiempo se divide en pasado, presente y futuro. Nos fundamentamos en nuestros procesos biológicos y en nuestros recuerdos del pasado. Todo tiene un sentido, y desde este punto de vista, desde esta perspectiva, todo está bien fundamentado.

Hay otra manera de entender la flecha del tiempo, su dirección, que se encuentra en el campo cuántico. En él todo es un "ahora" en el que se manifiesta el ser pluri-potencial que somos todos y cada uno. En estos ahora donde nuestra conciencia se expresa, no somos conscientes de que cada instante, cada "ahora", determina el instante siguiente, siguiendo una dirección que nosotros llamamos futuro, aunque en realidad vivimos los acontecimientos que hemos colapsado en uno de estos ahora, que llamamos pasado. Entonces me pregunto: ¿El instante que vivo ahora mismo es un instante que me viene o un instante que he creado y que se manifiesta ahora? ¿Vivo en un futuro o vivo mi pasado?

Hay que tomar plena conciencia de que, a cada instante, la elección que haga —mis sentimientos, mis emociones, el sentido que le dé a ese momento— determina unos acontecimientos que yo creeré que me los trae el futuro. Pero el pasado y el futuro son tiempos inexistentes, son manifestaciones de instantes previos de creación, de los que pretendo hacer que se tome conciencia.

Cada instante de mi vida tengo la oportunidad de elegir. *Un curso de milagros* también nos dice lo mismo cuando nos recuerda que el único poder que tenemos en este mundo es el poder de *elegir*. Dicho poder es mucho más de lo que muchos piensan. Es una forma de vivir y de entender los acontecimientos de nuestra vida; es tener la seguridad de que si utilizamos correctamente este poder, alcanzaremos la tan anhelada libertad en nuestra experiencia aquí en la Tierra.

La elección *correcta* será aquella que esté exenta de juicios, de posicionamientos, de proyecciones, la que venga de una mente no-local. La elección correcta viene de una mente que sabe que en esta decisión, en esta elección, tiene la oportunidad de manifestar esta capacidad pluri-potencial que todos tenemos y en esencia *somos*.

Buda ya nos lo dijo hace unos 2500 años:

"Si quieres ver el pasado, entonces mira tu presente, que es el resultado.

Si quieres conocer tu futuro, mira tu presente, que es la causa."

El ser pluri-potencial

Para explicar el sentido que doy al concepto de ser pluri-potencial o toti-potencial, usaré una analogía biológica que todos conocemos. Me refiero a las células madre que todos tenemos en nuestro organismo.

Las *células madre toti-potentes* son uno de los tipos de células madre más importantes porque tienen el potencial de convertirse en cualquier célula del cuerpo humano. En el desarrollo humano, dos células, que son el óvulo de una mujer y el espermatozoide de un hombre, se fusionan para formar una sola célula llamada cigoto. El cigoto se divide numerosas veces y las células que se forman son los precursores de los trillones de células que finalmente constituirán el cuerpo humano. En este proceso se manifiesta el poder intrínseco que todos tenemos.

Estas células madre tienen las siguientes características:

* Tienen la capacidad de convertirse en cualquier tipo de célula de un ser humano completamente desarrollado.
* Tienen la capacidad de replicarse un número ilimitado de veces sin perder su potencia total.

Traslademos este poder a la esencia de la creación, que está en nuestra mente. Si nuestra Consciencia y la Vida crean el universo y todo lo que contiene, esto es una muestra clara de lo pluri-potenciales que somos. Este poder, esta capacidad se manifiesta a través de nuestra mente, que siempre está conectada con el Campo de la Consciencia.

Este Campo contiene todas las posibilidades de experiencia y de existencia. Lo que llamamos nuestra vida solo es una pequeña parte de la manifestación de esta capacidad.

También tenemos la posibilidad de vivir nuestra pequeña experiencia de vida de forma pluripotencial, siempre que seamos conscientes de que somos los hacedores de lo que vivimos y experimentamos. En nosotros también cabe la posibilidad de cambiar, si no todo, al menos una parte. Esto viene a refrendar lo que decía Einstein cuando nos recordaba que no podemos cambiar el universo entero, pero sí nuestro universo particular, si somos capaces de cambiar nuestros pensamientos.

El problema es que no creemos que esto sea posible, y por el hecho de creerlo así, así es como se manifiesta en nuestra vida. No somos conscientes de que no estamos al margen de los acontecimientos que vivimos ni de que somos arte y parte de los mismos.

Nuestras creencias se manifiestan en nuestras vidas y controlan los acontecimientos que nos ocurren. El universo obedece dándonoslos, manifestándolos una y otra vez.

Despertar implica ser conscientes de que tenemos la capacidad de reorientar nuestra vida en esta escuela llamada Tierra y de vivenciar ciertos acontecimientos que son acausales, y están al margen de los acontecimientos que la mayoría de las mentes consideran causales. Dicho de otra manera: en un mismo escenario se manifiestan infinidad de experiencias paralelas que se entrecruzan, en pequeños instantes, para transmitir e intercambiar información entre ellas. Nuestra decisión, nuestra elección, determina cómo queremos vivirlas. Existen infinitas posibilidades, pero están limitadas por nuestras creencias y nuestras estrecheces mentales. Abrir nuestras mentes a estas nuevas posibilidades nos puede llevar a ser seres pluri-potenciales plenamente conscientes. Este es el reto, esta es la finalidad de esta vida: tomar conciencia de que somos pura energía inteligente con infinitas capacidades de manifestación.

La Ecuación Emocional Fundamental®

La Ecuación Emocional Fundamental® une la física cuántica, la Teoría de la Relatividad, la física newtoniana, la biología, la psicología y la metafísica —la espiritualidad—.

Cs = La Consciencia equivale al campo cuántico.
c = La conciencia equivale al campo newtoniano.
t = El tiempo es el factor que lo une Todo.

$$Cs = c \,/\, t$$

La fórmula nos indica la relación inversa entre la Consciencia (Cs) y el tiempo (t). Cuando t → 0, entonces c tiende a igualarse a Cs. Para t= 0, la ecuación es indeterminada. La solución es aplicar los límites de las matemáticas.

$$f(0) \simeq \lim_{x \to 0^+} \frac{n}{x} = +\infty$$

Por lo que se puede leer de la siguiente manera: "Cuando t tiende a cero, la conciencia tiende a (+,-) infinito".

El resultado concuerda con la definición de Consciencia, que es la potencialidad de infinitas manifestaciones en la conciencia. La conciencia nunca podrá llegar a ser plena Consciencia porque no tendría sentido la No Manifestación. No tiene sentido la No-Vida. Esta es una fuerza Esencial que no puede dejar de Crear. Esta Fuerza esencial crea el Observador para que extienda la conciencia en toda la Creación. Entonces, el Gran Observador observa a través de los observadores, la Consciencia a través de la conciencia.

Resumiendo todo lo dicho hasta ahora:

"El Ojo que todo lo ve,
lo que ve,
lo ve a través de tus ojos."

Conclusiones

Esta fórmula une lo que siempre ha estado unido, y que desde Descartes ha estado separado, dejando para las religiones la espiritualidad y para la ciencia el mundo y el universo.

La metafísica es un componente esencial en la vida dual. Su manifestación es la espiritualidad, que desde los albores de la humanidad siempre ha estado presente como parte intrínseca de nuestra vida. Negándola o afirmándola, siempre ha estado presente. Esta fuerza es la que nos impele a buscar y a comprender: bien por el camino de la ciencia —la materia—, bien por el camino de lo trascendente —la energía—. Este Poder es la expresión y la manifestación de Todo, y le llamo Consciencia Suprema.

Recapitulando:
1. En la medida en que mi mente viva en la dualidad, necesitará tiempo para poder vivenciar y experimentar. Existe una relación inversa: "Cuanto más tiempo se necesita, menos conciencia, y por lo tanto menor Consciencia". Aquí podríamos aplicar los niveles de energía desarrollados por el doctor David R. Hawkins.
2. Cuando mi conciencia vive y se siente separada de todo y de todos, disminuye y el tiempo aumenta. Mi Consciencia puede alcanzar valores bajísimos.
3. Cuando mi conciencia vuelve a la unidad, se siente unida a todo y a todos, y el tiempo disminuye o se experimenta como dilatado. Entonces mi Consciencia aumenta. El doctor Hawkins calibra este estado en 1000 (unidad esencial 1).
4. Cuando mi mente trascienda lo temporal, volverá a la unidad, al ser, entonces Cs=C=1. La conciencia se funde en la Consciencia.
5. Si me mantengo alerta, puedo hacer actos plenamente conscientes en mi conciencia. De esta manera aumenta la conciencia y disminuye mi necesidad de tiempo.
6. La emoción es el vehículo que aúna dos estados de la mente, la Consciencia y la conciencia. La psique es

la clave, pues la parte inconsciente es el vínculo entre ambas: la Consciencia —Supra-conciencia— y la conciencia.

7. Parece que la emoción no está en la ecuación, pero sin ella la ecuación no tendría sentido alguno. Es la que lo engloba todo.

Aplicación en la ecuación emocional

Tal como comenté anteriormente, podemos aplicar los valores que da el doctor David Hawkins a los diferentes estados emocionales. Como él mismo dice:

"La aparición de una ciencia clínica de la conciencia que valida la realidad espiritual va a provocar resistencia, puesto que supone una confrontación directa con el núcleo narcisista del ego, que es intrínsecamente crítico y presuntuoso".

Y continúa:

"Por debajo del nivel de conciencia 200, la comprensión se ve limitada por el dominio de la mente inferior, que es capaz de reconocer hechos, pero aún no es capaz de entender el significado del término 'verdad'".

Todos estos niveles de conciencia situados por debajo de 200 necesitan más tiempo para su expresión. A mayor cantidad de tiempo, menos Consciencia.

Cuando nuestra conciencia empieza a vibrar con unas emociones más elevadas, como el perdón (350), la comprensión (400) o la reverencia (500), el tiempo disminuye porque en la mente se instala y se manifiesta la no-localidad. El tiempo transcurre en otras magnitudes y nuestra conciencia se amplía, pues este estado mental abre las puertas a la Consciencia que ilumina nuestra vida. Termino esta parte con una reflexión del propio Hawkins:

"Es de esperar que la empatía derivada de la contemplación del mapa de la conciencia acorte el camino hacia la alegría. La clave de la alegría es mostrar bondad incondicional hacia la totalidad de la vida, incluyendo la propia; nos referimos a ello con el nombre de compasión. Sin compasión, apenas se consigue nada significativo en los empeños humanos".

Reflexiones finales

- Una reflexión que me hago: "Si yo, como observador, no tuviera la referencia del envejecimiento, ¿envejecería?"
- La Teoría de la Relatividad me demuestra que el tiempo es relativo y está en función de un marco de referencia concreto. Si viajo a una velocidad cercana a la de la luz, envejezco diez veces más lento que en la Tierra. Si el tiempo está relacionado con el observador, ¿qué conciencia debe haber desarrollado para poder modificar el espacio/tiempo percibido?
- ¿Cuál sería el marco de envejecimiento cero? La respuesta podría ser: cuando mi conciencia se funda en la Consciencia. Pero ello me lleva a la no-experiencia. Entonces surge otra pregunta: "¿Quiero experimentarme en sucesos llamados experiencias?". La respuesta es obvia: "Sí". Por eso existe la Vida, y por lo mismo esta nunca dejara de ser, de manifestarse.

- La emoción es la energía que conlleva el movimiento, la existencia, la interconexión con todo en el Todo. El máximo nivel de vibración de la emoción, que casi somos incapaces de imaginar, es el Amor = Divinidad = Consciencia Suprema. Cuando esta se manifiesta en diferentes niveles de conciencia, surgen las demás vibraciones con frecuencias más o menos elevadas. Cuando surge la frecuencia que alimenta la vivencia de la separación, entonces aparece el miedo. Esta emoción está sustentada por la creencia en la posibilidad de No-existir. Como esto es imposible, la conclusión final es que la emoción que lo sustenta Todo y lo une Todo es el Amor.
- El Amor da vida al Todo y a cada una de sus partes; es imposible que Tú y Yo no estemos alimentados por Él. Es imposible que estemos separados.

Por todo ello, puedo decir a grito pelado:

YO SOY TÚ

BIBLIOGRAFÍA

Un curso de milagros, Fundación para la Paz Interior.

El ojo del yo, doctor David R. Hawkins, Ed. Obelisco, 2006.

Dejar ir, doctor David R. Hawkins, Ed. El Grano de Mostaza. Prólogo de Enric Corbera.

El poder frente la fuerza, doctor David R. Hawkins, Ed. El Grano de Mostaza. Prólogo de Enric Corbera.

Curación y recuperación, doctor David R. Hawkins, Ed. El Grano de Mostaza. Prólogo de Enric Corbera.

Cuando 2+2=5, doctor Kenneth Wapnick, Ed. El Grano de Mostaza.

El campo, Lynne McTaggart, Ed. Sirio, 2002.

El error de Descartes, Antonio R. Damasio, Ed. Drakontos, 1996.

Antes de Yo Soy, Mooji, Ed. El Grano de Mostaza.

Conversaciones con Dios, Neale Donald Walsch, Ed. Grijalbo, 1995.

La mente holotrópica, Stanislav Grof, Ed. Kairós, 1993.

Biocentrismo, doctor Robert Lanza, Ed. Sirio, primera edición, 2009.

El experimento de la intención. Lynne McTaggart. Ed. Sirio, de la edición original del 2007.

La biología de la creencia, doctor Bruce H. Lipton, Ed. Palmyra, 2007.

El Arte de Desaprender, Enric Corbera, Ed. El Grano de Mostaza, 2015.

Perfecta brillante quietud, David Carse, Ed. Gaia, 2009.

"Consciencia cuántica, Reconciliar ciencia y espiritualidad para nuestro(s) futuro(s) evolutivo(s)", artículo de Kingsley L. Dennis, fuente: internet.

NOTAS

Introducción
1. *El ojo del yo*, David R. Hawkins, pág. 74.

Capítulo 1
1. Carl Sagan.
2. Robert Bolt, escritor británico ganador de dos premios Óscar.

Capítulo 2
1. *El ojo del yo*, pág. 216.
2. *Perfecta brillante quietud,* pág. 199.
3. Wei Wu Wei.
4. David Carse.
5. Ken Wilber.
6. Nisargadatta Maharaj.
7. Cita de Nisargadatta Maharaj en *Perfecta brillante quietud,* David Carse, pág. 175.

8. Krishnamurti.
9. *2+2=5,* Kenneth Wapnick. Ed. El grano de Mostaza, pág. 34.
10. Pág. 46.
11. Nisargadatta Maharaj.
12. Enric Corbera.

Capítulo 3
1. Nisargadatta Maharaj.
2. *Curación y Recuperación,* David R Hawkins.
3. Tony Parsons.
4. Nisargadatta Maharaj.
5. Ken Wilber.
6. Enric Corbera.
7. *Dejar ir,* David R. Hawkins.
8. Dr. David R. Hawkins
9. Rumi.

Capítulo 4
1. Doctor Boukaram, oncólogo libanés, especialista en física nuclear y en neuropsicología. Información obtenida de "La Contra" de *La Vanguardia,* Barcelona.
2. Pág. 298.
3. *El ojo del yo,* pág. 159.
4. Enric Corbera.
5. Ramesh Balsekar.
6. Buda.
7. Huang Po.
8. Ken Wilber.
9. Huang Po.
10. *El ojo del yo,* David R. Hawkins, pág. 159.

Capítulo 6
1. Pág. 105.
2. Rumi.
3. *La Interpretación de la Naturaleza y la Psique,* C.G. Jung, pág. 40.
4. Enric Corbera.

Capítulo 7
1. Pág. 23.
2. *La interpretación y naturaleza de la psique,* Jung, pág. 86.
3. Pág. 128.
4. Pág. 129.
5. *Mente holotrópica,* pág. 27.
6. Idem, pág. 86.
7. *La interpretación y naturaleza de la psique,* Jung, pág. 88.

Capítulo 8
1. *Cuando 2 +2 = 5,* pág. 63.

Capítulo 9
1. *Curación y Recuperación,* Dr. David Hawkins, pág. 70.

Capítulo 11
1. "Proyecto Newton", Luis Llera, en www.revistaesfinge.com

Capítulo 14
1. *Antes de Yo soy,* Mooji, El Grano de Mostaza, pág.25.

Capítulo 15
1. Mooji.
2. *El ojo del yo,* David R. Hawkins, Ed. Obelisco, pág. 60.
3. Ibid., pág. 56.
4. Advaita o sendero de la no dualidad.
5. Ibid., pág. 33.
6. Ibid., pág. 74.
7. Ibid., pág. 79.
8. Doctor David R. Hawkins.
9. Pág. 280.
10. *El ojo del yo,* David R. Hawkins, Editorial Obelisco, pág. 297.
11. *Perfecta brillante quietud,* David Carse.
12. Nisargadatta Maharaj.
13. David R. Hawkins.
14. Enric Corbera.

Capítulo 17
1. El lector que desee verla puede hacerlo en You-tube, o en mi web: www.enriccorberainstitute.com
2. Kingsley L. Dennis, sociólogo. Artículo en http://www.kingsleydennis.com/consciencia-cuantica-reconciliar-ciencia-y-espiritualidad-para-nuestros-futuros-evolutivos/)
3. Niels Bohr.
4. Antonio R. Damasio.
5. SINC, agencia pública de ámbito estatal de ciencias, consulta hecha el 27/12/2015 en: http://www.agenciasinc.es/Noticias/Detectan-la-no-localidad-en-sistemas-cuanticos-de-muchos-cuerpos
6. Popp *et al.,* 1988.
7. Albert Fritz Popp y Mae Wan Ho, 1989.

8. Jeremy Narby, antropólogo.
9. Experimento en Turín y según el físico teórico Julian Barbour, en tendencias21.net.
10. Paul Dirac.

Printed in France by Amazon
Brétigny-sur-Orge, FR

19693104R00181